国家出版基金项目
NATIONAL PUBLICATION FOUNDATION

饭稻羹鱼

江南风俗图录

第1卷

风味饮食卷

❖ 舌尖百载的五味风华 ❖

Illustrated Chronicles of
Jiangnan Customs

- Vol. 1 -

***Rice Cakes
and Fish Broth***

仲富兰 著

上海辞书出版社

江南风俗图录·第1卷·饭稻羹鱼

辞书微信公众号二维码

本书为《江南风俗图录（1840—1949）》分卷之一。整套书随附别册，内容涵盖《江南风俗图录》全书总览及各分卷简介、十卷本内在关联分析与跨学科阐释、与仲富兰民俗学研究脉络的勾连、核心参考文献汇释、仲富兰民俗文化学学术著述系年，另收录总序、后记等文稿。为便于读者共享别册内容，上海辞书出版社公众号设“《江南风俗图录》别册”专题，供各界参阅。

“十四五”国家重点出版物出版规划项目

国家出版基金资助项目

上海文化发展基金会图书出版专项基金资助项目

仲富兰

当代民俗学家。上海人。毕业于复旦大学哲学系。华东师范大学教授、博士生导师，上海市民俗文化学会创始会长及名誉会长，中国民俗文化学科的开拓者和奠基人。1986年至今已出版《中国民俗文化学导论》、《中国民俗学通论》（三卷本）、《上海六千年》（三卷本）、《图说中国近百年社会变迁》（四卷本）、《民俗传播学》、《江南风俗与信仰》、《上海民俗——民俗文化视野下的上海日常生活》、《上海小史》、《节日里的中国》、《图说中国人生礼仪》等50多部著述，部分被译为英、俄、日、韩等国文字在国外出版。承担“十四五”国家重点出版物出版规划项目《江南风俗图录（1840 —1949）》（全十卷）及上海市相关文创研究课题。 2019年起主编《民俗掌故日历》（上海辞书出版社，至今共计7版）。另有大量论文和文章散见于海内外报章期刊。

Zhong Fulan

A contemporary folklorist from Shanghai. He graduated from the Department of Philosophy at Fudan University and is currently a professor and doctoral supervisor at East China Normal University. He is the founding president and honorary president of the Shanghai Society of Folk Culture Studies, and a pioneering and foundational figure in the academic field of Chinese folk culture.

He has published over 50 works since 1986, including *An Introduction to Chinese Folklore*, *General Theory of Chinese Folk Culture* (three volumes), *Six Thousand Years of Shanghai* (three volumes), *Illustrated History of Social Changes in Modern China* (four volumes), *Folklore Communication Studies*, *Jiangnan Customs and Beliefs, Shanghai Folkloristics: Daily Life in Shanghai through the Lens of Folk Culture*, *A Brief History of Shanghai*, *China in Its Festivals*, and *An Illustrated Guide to Chinese Rites of Passage*. Several of these have been translated into English, Russian, Japanese, Korean, and other languages for international publication.

He is leading a major national publishing project under the 14th Five-Year Plan: Illustrated Chronicles of *Jiangnan Customs (1840–1949)* (ten volumes), as well as related cultural and creative research initiatives in Shanghai. Since 2019, he has served as editor-in-chief of *The Almanac of Folk Culture and Anecdotes* (Shanghai Lexicographical Publishing House), which has been released seven editions to date. His numerous papers and articles have appeared in newspapers and joumals both in China and abroad.

光影铭沧桑
图卷展风华

目录

第三章

西方饮食文化的传入与接受

083

第四章

食品加工向工业化迈进

115

第五章

嬗变中的民众日常饮食

151

第六章

中西饮食交融和发展

183

第七章

传统饮食的流风余脉

215

概述

“民以食为天”，饮食是人类生命延续的要素，吃什么，怎么吃，与其视为人的口味，毋宁说是生产和技术使然。从这个意义上说，饮食文化乃是人类文明发展的标志与前提之一。江南饮食文化历史悠久，人文底蕴深厚，大量新石器时代的出土文物表明，距今六千多年以前，这里的先民已用陶器烹饪，春秋时期已有较大规模的养鸭场，反映了这个区域人民对水禽的食用。

战国时期，江南地区已有全鱼炙、腼鳖、吴羹和讲究刀工的鱼脍等名馔。“饭稻羹鱼”语出《史记·货殖列传》，司马迁对当时江南饮食文化做出了高度概括。地处长江下游的江南地区，气候温润，降水丰沛，水系发达，土地肥沃，粳、籼、糯稻米品种齐全，水产品资源丰富。作为主体饮食结构的“饭稻羹鱼”，垂两千年难以撼动。两汉、两晋、南北朝时期，江南各地的面食、素食和腌菜类食品制作都有了显著的发展。

古往今来，人们择食的特点都是“靠山吃山，靠水吃水”，因地制宜，因时制宜，就地取材。三国归晋之后，南北饮食文化实现了第一次大交流。《晋书·陆机传》和南朝宋刘义庆所著《世说新语·言语》，分别记载了吴地大名士陆机与晋文帝司马昭的女婿侍中王济关于“美味羊酪”与“千里莼羹”的名对，道出了南北方饮食文化的不同特色。陆机说的“莼菜”，出自太湖流域，鲜美、清香、滑嫩，有“江东第一妙品”之称。“莼羹”，是用莼菜加调料制成的稠汤。即使在当下，“太湖莼羹”仍是一道江南地方名菜。

江南饮食之美，尤以“长江三鲜”和“太湖三白”最为著名。“长江三鲜”指刀鱼、鲥鱼、河豚，食用“三鲜”，有时令的讲究，“不时不食”，例如刀鱼在早春时节，鲥鱼在仲春之际，河豚则要到暮春之时。苏轼《惠崇春江晚景二首》写道：“竹外桃花三两枝，春江水暖鸭先知。蒌蒿满地芦芽短，正是河豚欲上时。”太湖流域诸地水产植物丰富，盛产鱼虾。“太湖三白”，简单来说就是太湖三种白色河鲜的总称，分别是白鱼、银鱼和白虾。江浙地区的八种水生植物为茭白、莲藕、水芹、芡实（鸡头米）、茨菰（慈姑）、荸荠、莼菜、菱角，民间有“水八仙”的雅称。其他如家畜、家禽、野味、水产、蛋乳、蔬菜、瓜果等食料都很丰富，其中尤以水产类鱼、虾、蟹品种为多。

隋唐宋元时期，大运河的开凿，将长江、淮河、泗水、汴水全部贯通，完成了政治、经济、文化中心由“中原文化轴心时代”向东南地区的转移。江南本地的饮食与中原饮食相互影响，同时也促进了宫廷饮食与民间饮食的融合发展。江南地区的许多“鱼鲜”“海味”成为贡品，并得到了“东南佳味”的美誉。北宋陶穀《清异录》两卷记载扬州缕子脍、“建康七妙”、苏州玲珑牡丹鲊等肴馔受世人称道。而菜肴以鱼、虾、蟹、螺及湖泊水蔬为多，正是江南水乡饮食特色的反映。至今，水产品仍然是江南诸地菜肴的重要组成部分，苏州的“松鼠鳜鱼”、宁波的“雪菜黄鱼汤”风味尤佳。

南宋以降，江南逐渐成为全国的经济、文化中心。明清时期江南饮食影响日隆，江南菜肴日臻发展。“江南烟雨巷，富贵温柔乡”，饮食文化的成熟完善，饮食习俗得天独厚，成为地域性明显的文化现象。淮扬菜作为较早的江南菜系，余脉流风，影响深远。明代美食家松江府华亭人宋诩，在弘治十七年（1504）写成的《宋氏养生部》一书中，记述了当时淞、沪地区的菜点，其中有酱烧猪（红烧肉）、粉蒸猪（粉蒸肉）、糟鸡、烧鸭、烹河豚、油炸虾、油炒蟹、糊膳、田鸡、汤川鳜鱼、炒螺丝等。这些菜肴与苏州、无锡一带的农家菜有异曲同工之妙，原本的浓油赤酱，至近代逐渐趋向口味清淡。清嘉庆年间杨光辅所撰《淞南乐府》载：“淞南好，风味旧曾谙。羊胛开尊朝戴九，豚蹄登席夜徐三，食品最江南。”清代，乾隆帝六下江南，所到之处品尝过的民间小吃，皆为名扬天下的江南美食，如鱼头豆腐、龙井虾仁、叫花鸡、干菜肥鸭、凤凰蛋、长安宴球……每一道菜，都有经典的故事在民间流传，产生了深远的影响。

江南饮食文化的成熟完善，离不开文人雅士与美食家的总结与推广。明末清初文学家、戏曲家李渔撰《闲情偶寄》，记载了大量有关美食、美馔及食材选择和饮食理念的文字。这部不同凡响的笔记类著作，对江南饮食文化贡献巨大。书中将饮食分为蔬菜、谷食、肉食三节，“馔之美，在于清淡，清则近醇，淡则存真，味浓则真味常为他物所夺，失其本性了，五味清淡，可使人神爽、气清、少病”，并分类进行了深入探讨。李渔的“重蔬菜、尚真味、求食益”的饮食思想，“主清淡、崇简约、忌油腻”的饮食方式，以及“慎杀生、讲洁美、求至善”的饮食主张，与当代人的饮食追求和食品安全健康理念都是非常接近的。

清代，江南饮食文化达于巅峰，主要得益于江南地区的山水纵横，地域广阔，物产丰饶，食材丰富，也与生活在这里的人们逐渐形成的“主清淡、尚自然”的口味有关。“主清淡、尚本味、重养生”，吴地就一直流传着“逢熟吃熟”的老话，“地三鲜、树三鲜、水三鲜”，各有节序，不时不食，人们清楚地知道什么季节什么食材最新鲜和最有滋味。吴歌《十二月鱼谚》云：“正月塘鳢肉头细；二月桃花鳜鱼肥；三月甲鱼补身体；四月鲥鱼加葱细；五月白鱼吃肚皮；六月鳊鱼鲜似鸡；七月鳗鲡酱油焖；八月鲃鱼只吃肺；九月鲫鱼红塞肉；十月草鱼打牙祭；十一月鲢鱼汤头肥；十二月青鱼要吃尾。”老百姓用平实的语言，生动地吟唱出了江南民间的饮食习惯和追求。江南民众将亲近自然、崇尚自然作为选择食物的基本原则，既遵从自然，也有利健康。即使寻常百姓的家常便饭，也讲究春尝头鲜，夏吃清淡，秋品风味，冬进滋补。正是在这个基础上，清代出了一位卓有成就的美食大家袁枚。他的《随园食单》是一部久负盛名的有关饮食文化的专门著述，全面记载了江南三百多种流行的食品和菜肴，对江南地区以外的各地名馔也有记载，堪称明清时期江南饮食文化审美之集大成者。袁枚所提出的饮食思想，完善了江南饮食系统，推动了江南饮食的发展走向。

江南饮食的另一特点在于口味精细，成菜精致，传承着历史上官府菜的内涵：一是甜咸适度，南北均宜；二是火候足、舍得下料，菜肴软烂，易于消化；三是讲究原味，很少使用刺激味觉的调味品，菜肴多为烧、烩、焖、蒸、扒、煎、烤等方法制成，以羹汤为主要品种，尤其是浓汁系列。以年复一年的“年夜饭”而言，一般在腊月初甚至更早就开始准备了，菜式上讲究精致，菜品丰富，色彩搭配，营养搭配都恰到好处。这说明生活越注重品位，对于食物的讲究程度也就越高。美食是江南精致生活的一面镜子，寄托了江南民众对美好生活的期盼和追求。

李渔《闲情偶寄》曰：“南人饭米，北人饭面，常也。《本草》云：‘米能养脾，麦能补心’”，指出了中国南北主食的不同特点，然经西晋末年永嘉之乱，大量人口南迁；唐安史之乱以后，经济重心南移，大批北方移民来到江南，使“南人饭米，北人饭面”的主食结构被打破，江南地区的面食也日趋兴旺。江南人长期以来形成了“方为糕，圆为团，扁为饼，尖为粽”的传统，追求的是软糯与爽口的平衡点，但并不排斥面食，李渔就将北方面食融入江南口味和制作手法，并且变幻出各种食法，如“五香面”“八珍面”的做法。江南面食的特征是重视汤头、重视配菜，而面条本身则成了配角。苏州人喜欢的“头汤面”，配有各式浇头，这些各具特色的浇头，五花八门，滋养着江南人的口腹。

源远流长的中华文明，孕育了江南地区发达而又精细的烹饪艺术，蔚为壮观的江南饮食文化和烹饪工艺是中华文明最优秀的遗产之一。然而，时至近代，西方帝国主义列强用坚船利炮打开了中国封闭的大门，西方列强争相划分在华势力范围，腐败的清政府丧权辱国，领土被割占，资源被掠夺。也是从那时起，来华的西方人与日俱增，欧风美雨也把西方饮食的烹饪技艺带入中国，而富饶美丽的江南首先就处于中西文化碰撞与交汇的最前沿。

作为中国近代开放最早的江南地区，人们的饮食生活也开始出现了与传统饮食生活相疏离的倾向，西方饮食文化以前所未有的规模向上海、南京、宁波等口岸城市大量渗透，越来越多的洋人来华旅居，也带来了异域的生活风情。江南繁华而不张扬、温柔又细腻的饮食文化，在这种激烈地碰撞中挣扎着，也创新着，习俗流变的过程也是相当迅猛的。

异域的波流给江南饮食文化增添了新的色彩，注入了新的内容与活力，使江南饮食韵味更具绵长而丰富，呈现出以下几个特征：

第一，以“五口通商”为标志，上海开埠率先使江南饮食文化由封闭走向开放，为适应时代潮流的发展，开启了江南饮食近现代化的进程，尽管这个进程异常艰难。其中最为明显的例证是作为西方饮食文化的综合载体——西式餐馆，在上海落地生根，开枝散叶，诚如民国徐珂《清稗类钞》所云：“我国之设肆售西餐者，始于上海福州路之一品香，其价每人大餐一元，茶七角，小食五角。外加堂彩、烟酒之费。当时人鲜过问，其后渐有趋之者，于是有海天春、一家春、江南春、万丈春、吉祥春等继起，且分堂设坐焉。”

西式餐饮潮流的冲击，也打破了江南原有的沉闷与封闭，江南民众以一种包容的心态接受了它，拿来为我所用，不能不说，诸如西餐厅中出售的啤酒、汽水、蛋糕以及各种西式点心的输入，也带来食品的丰富和生活节奏的加快，同样受到人们的欢迎。西方食品的工业化，如机制面粉及其制品的传入，对中国近代食品工业的发展不无启示，丰富了中国传统饮食文化的内容，也促进了江南食品工业的发展。在西方现代食品工业技术传入中国的同时，也出现了“西餐中吃”“中餐西做”“中西合璧”的海派西餐，如“铁扒牛肉”“华洋里脊”“西法大虾”“西洋鸭肝”等，特别是海派西餐中名闻遐迩的“老三样”：炸猪排、罗宋汤和拌色拉，这些在西方国家找不到的“西餐”，正是近现代江南饮食文化在面临西方饮食文化冲击下的自我救赎、变革图存的结果。

第二，地处长江入海口的上海，是近代中西方文明交流与交融的主阵地和窗口。所谓“万国通商上海城，洋场店铺密如林。市肆繁华矜富丽，中西食品尽知名”（引自《清稗类钞》），上海成为近代西方食品的最早集中地，不可避免地会出现两种不同的社会效应，一种是封建卫道者“世风日下”的责难，另一种则是从新奇感而来的崇洋风气的养成。前一种迂阔之论不足议论，事实上，近代文明的许多具体事物显示出优越性之后，便会引发越来越多的人由新奇而演化成追求、享用、崇拜和仿造，于是便形成了上海近代“崇洋而不媚外”的文明风尚，如同一块石子扔到水里一样，平静的水面会溅起波纹，一圈圈地不断扩散，逐渐向江南各地扩散。它对冲击封建保守思想，剪除陋俗，激发人们趋新求变，主动接受西方先进的生产方式和生活方式，推动中国社会前进等方面具有一定的积极作用。在上海的带动影响下，长江沿岸的汉口、南京、重庆、宜昌、九江等城市的饮食生活，也先后发生了类似的变化，并对长江流域内其他地区形成了辐射效应，互相渗透、互相影响，促进了整个长江流域饮食文化的革新，使不同地区、不同风味的创新菜肴不断出现。

第三，近现代江南饮食文化最重要的特征，是人们饮食观念的变化，江南地区传统的烹饪方法，原本较为重视菜肴的整体效果，以菜肴的色、香、味、形的美好、谐调为目的。而西方传统烹饪方法多从理性角度考虑，注重营养和卫生，味道单一，营养价值一目了然。许多从西方留学归来的早期“海龟”大声疾呼，重视饮食的营养和卫生，当时还出现了一批对食物成分和烹饪理论进行研究和分析的专著与论文，如高第丕夫人编的《造洋饭书》是 1866 年初版的一本西餐烹饪指南。清末时期，随着西餐文化在华传播以及人们对健康饮食关注度的提升，还出现了诸如《西法食谱》《华英食谱》《素食说略》等不少与西餐烹饪、饮食健康和营养概论相关的图书在上海出版问世，西方饮食科学知识在上海及整个江南地区，乃至在全国得到了全面系统的传播，如同在国人面前打开了新的视角，促使人们比对参照，从世界文化的角度来认识自身的饮食文化传统，从而逐渐以新的面貌迈入世界饮食文化的新时代。

综上所述，国内不同地域饮食文化的交流，近代西方饮食文化的传入，如同农作物远缘杂交一样，使得江南原有的饮食习俗非但没有受到损害，反而在文化形态上完成了传统向近现代的转型，鉴古知今，促进了江南饮食文化的不断创新与繁荣。

让我们打开历史的尘封，用一组组真实的老镜头来观察历史变革进程中江南饮食风俗的流变与新生。

第一章

穿越千年的名馔美食

地处长江下游的江南地区，水系发达，土地肥沃，盛产稻米与水产品，不仅成为邑人主食，高品质的“白米”还成为供给朝廷的贡粮。据《史记·货殖列传》和相关历史文献记载，春秋后期，吴越战争结束后，范蠡毅然离开官场，隐于五湖养鱼，自称“渔父”，蠡湖（范蠡养鱼处乃今漕湖，漕湖古称蠡湖）亦因此得名。范蠡还在湖边写下《养鱼经》，介绍了鱼池构造、适宜鱼类、雌雄比例、养殖密度，以及放养时间和轮捕、留种增殖等方法，对促进江南地区人工养鱼、获得更多美食来源作出了经验颇丰的总结。

江南美食之美，尤以在水上生活的船家制作的“船菜”或“湖菜”最具特色，船家都备有精美的湖肴供应，由于它与饭馆里的菜做法截然不同，渐渐形成太湖船菜，讲究“味真”，每一道菜都是原汁原味。太湖船菜亦称“水上筵席”，伴随着太湖、运河船运的迅猛发展而形成。刀鱼、鲥鱼与河豚“长江三鲜”，每逢春季溯长江而上洄游产卵，形成鱼汛，经过捕捞渔民的辛勤劳作，成为江南人餐桌上的美味佳肴。“太湖三白”乃白鱼、银鱼、白虾，是时令水产，构成了船菜的主要原料，味道鲜美。水生植物以茭白、莲藕、水芹、芡实（鸡头米）、茨菰（慈姑）、荸荠、莼菜、菱角最为著名，后被世人称作“水八仙”。

江南美食是传统中国文化中最感性的载体。那些精雕细琢、色香味俱佳的菜肴，包含着文化与审美的成分，尤其是喜爱“船菜”“湖菜”的食客泛舟碧波，进食时眺望船外，视觉上美不胜收，流连忘返。滨海之地，像上海、宁波、舟山、温州、台州等地，都盛产海鲜，海鲜是这些地方的主打美食。阳澄湖大闸蟹，举世闻名，蟹身不沾泥，俗称“清水大闸蟹”，体大膘肥，青壳白肚，金爪黄毛，肉质膏腻。江南羊肉十分上口，无膻味，“岁时伏腊，烹羊炮羔，斗酒自劳”。如此这般美食享受，穿越千年，既是江南历史文化与自然环境的清晰折射，亦能从中窥得当代饮食传承的点点滴滴，所谓以小见大，知微见著，莫过于此。

▲ 清末营运于苏州绕城运河中的画舫，可品尝极具水乡特色的船菜

吴姬酒肆近人船

——水乡船菜

“吴中食单之美，船中居胜”，此话出自清代西溪山人撰写的小说《吴门画舫录》。据记载，早在2 500年前的春秋时期，吴地就出现了船菜，当年吴王阖闾带着妃子泛舟江上，宴饮时将吃剩的残余鱼脍，倾入江中，化成今日的银鱼，这是有关“船菜”最早的一则传说。清代吴县人沈朝初《忆江南・其五・船宴》描绘出吴地船宴的诱人之处：“苏州好，载酒卷艄船。几上博山香篆细，筵前冰碗五侯鲜。稳坐到山前。”在气候宜人的春秋之季，吴人携家带口或三五知己坐船玩上一天，一面泛水清游，饱览应时景色；一面品尝别有风味的船菜，个中乐趣，是那个时代人们莫大的享受。

江南大运河沿岸、环太湖地区的船菜，独具江南餐饮文化的特点。明袁凯《海叟集》之《浦口竹枝》写道：“浦上荷花生紫烟，吴

▲ 晚清苏州船菜，厨师们正在忙碌的情形

▲ 民国浙江杭州西湖画舫

▲ 苏州画舫船菜，船东正在过问后厨备菜情况

▲ 1935 年，食客们在苏州石湖船菜用餐

姬酒肆近人船。更将荷叶包鱼蟹，老死江南不怨天。”其中“吴姬酒肆近人船”一句，很是传神。清顾禄《清嘉录》与《桐桥倚棹录》记载：当时虎丘游船有市有会，清明、七月半、十月朝为三节会；春为牡丹市，秋为木樨市，夏为乘凉市，供宴饮游赏的船较宽，大的可容三席，小的可摆两桌；船舱有灶，酒茗肴馔，任客所择，而且对顾客实行“先期折柬”的预约办法，服务可谓周到。在不大的艄舱中，爆炒燎煮，炸熘烩焖，船娘们因地制宜，忙得不亦乐乎。船菜贵在精细。一般情况下，一席船菜要分三个时辰吃，正合今日的一日三餐制，主宾们初到船上时，先飨以点心，午餐则是飨宴的一小部分，而晚餐是飨宴的一大部分。

《桐桥倚棹录》卷三记载船菜的品目有：蜜汁火方、五香乳鸽、翡翠蟹斗、田螺塞肉、苏扇核菜、和合二鲜等，及靠水吃水的鱼虾蟹鳗之类。且在船上可以活捉活杀现烹，食材新鲜，甚至连做菜的汤，都是直接舀取河里的活水，使得船菜味道更加鲜美。价格自然是从不明码标价的，坐一天船，吃一席菜以及各种犒赏花费等都包括在内，但凭宴饮者赏赐，吝者至少亦给八十元，豪者可给百余元，真乃“此时无价胜有价”。在长期发展中，苏州、无锡的船菜已形成了以炖、焖、煨、焐为烹饪手段的名菜，并且大部分以清淡为主，形成特色。

与苏州、无锡等地船菜不同，清李斗《扬州画舫录》卷七记扬州船菜则是：“画舫在前，酒船在后，橹篙相应，放乎中流。传餐有声，炊烟渐上……谓之行庖。”扬州的船宴形式，筵席设在画舫里，厨房则设在另一条船上，酒船载着炊具、燃料、茶器、酒坛以及各种烹调原料，成了一个移动的“行厨”，画舫在瘦西湖里行进，烟波浩渺中，食客心情愉悦，能更充分地享受淮扬名菜名点之美。

直到民国时期，文学家叶圣陶清明节从上海回苏州上坟时，对船菜亦甚是喜欢。他写道：“船家做的菜是菜馆比不上的，特称‘船菜’。正式的船菜花样繁多，菜以外还有种种点心，一顿吃不完。非正式地做几样也还是精，船家训练有素，出手总不脱船菜的风格。”良辰、美景、佳肴，在船菜中得到了有机统一。

民国时期，杭州的西湖船菜、无锡的太湖船菜、嘉兴的南湖船菜……都以其特有的可口美味为本色，独树一帜。“清雅‘船菜’渔歌扬”，迎合着江南达官贵人、巨商大贾、文人墨客的口腹之欲，一路渔歌伴随着美人、美食。不过，在那个年代，如此豪奢的船菜，囊中羞涩的穷人与平民自是消受不起的，而船菜的精雅细致成为习惯，倒是留在当今江南人的生活方式里了。

淞江水兮鲈鱼肥

——莼鲈之思

从苏州的吴江到上海外白渡桥这条水道，上海市区段称为“苏州河”，其实它的大名叫吴淞江，也称“松江”。吴淞江的名声与这条江的特产有关——鼎鼎大名的松江鲈鱼，个大肥美，肉嫩味鲜，南朝梁陈间顾野王撰《舆地志》载：“吴大帝以汉建安中封陆逊为华亭侯，即以其所居为封，谷出佳鱼莼菜，又多白鹤清唳。”其中说的

▲ 剖蚌壳，1933 年江南农民打开从池塘里捞出的蚌壳子，此物又被称为“飞蚌壳”

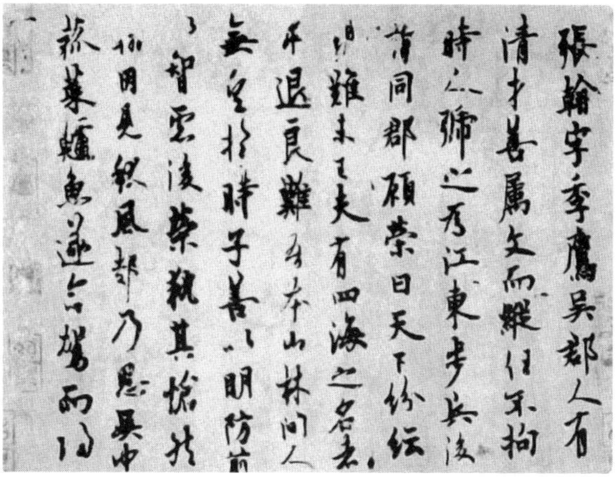

▲ 欧阳询《张翰帖》

“佳鱼”，就是松江鲈鱼，罗贯中《三国演义》第六十八回“甘宁百骑劫魏营，左慈掷杯戏曹操”，就说到了江湖术士左慈，巧手变鲈鱼和随意什物，仿佛无所不能。故事有点荒诞，但松江鲈鱼的确味美无比，深受世人称赞。经过文学家的妙笔生花，松江鲈鱼暴得大名，妇孺皆知。

宋林肇《鲈乡亭》诗云：“脍鲈珍味是吴乡，丞相曾过赋短章。新作水斋堪寓目，旧停桂棹有余光。满前野景烟波阔，自后秋风意气长。莫待东曹归忆此，分悭居在碧州旁。”由于吴淞江水深浪急，海潮回流，海水与淡水交融，养料丰富，为松江鲈鱼营造了一个理想的生存环境，使鲈鱼体内富含丰富的矿物质、维生素和氨基酸，成为药用和食用价值都很高的鱼类品种，加上历代诗人的夸赞与吟咏，使松江鲈鱼愈加名贵。《晋书·张翰传》说张翰在洛阳为官，见秋风萧瑟，突发思乡之情，想念故乡的雉尾莼和四鳃鲈的美味，欲弃官回乡，作《思吴江歌》曰：“秋风起兮木叶飞，吴江水兮鲈正肥。三千里兮家未归，恨难禁兮仰天悲。”这就是流传千古的“莼鲈秋思”典故的由来，为美食宁愿辞官，也很难说不是一种借口？

南朝宋刘义庆《世说新语·识鉴》：“张季鹰辟齐王东曹掾，在洛，见秋风起，因思吴中菰菜羹、鲈鱼脍，曰：‘人生贵得适意尔，何能羁宦数千里以要名爵？’遂命驾便归。俄而齐王败，时人皆谓为见机。”后来因以“鲈鱼脍”为思乡赋归之典。唐颜师古《大业拾遗

▲ 1946 年，美国《生活》杂志记者用镜头记录了江南渔民以传统鸬鹚捕鱼的情景，渔夫脸上堆着笑容

▲ 清末民初苏南渔民撑船捕鱼，船上载着鸬鹚

▲ 民国时期，苏州郊外城镇的渔船，渔民利用鸬鹚捕鱼

记·吴馔》：“须八九月霜下之时，收鲈鱼三尺以下者作干鲙。浸渍讫，布裹沥水令尽，散置盘内。取香柔花叶，相间细切，和鲙拨令调匀。霜后鲈鱼，肉白如雪，不腥。所谓金齑玉鲙，东南之佳味也。”亦省作“金齑鲙”。这道“金齑玉鲙”的吴馔，开始是以四鳃鲈为主料，因四鳃鲈太过珍稀，后也以鳜鱼为主料，橘瓣为齑料。鳜鱼是淡水鱼中的珍品，肉质细嫩鲜美，又经名厨巧手烹制，成菜如金似玉，鱼肉鲜嫩，清香爽口，不辱此名。

唐代大诗人杜甫也有“无声细下飞碎雪”“放箸未觉金盘空”之

咏，此两句出自《阌乡姜七少府设脍，戏赠长歌》同一首诗，是因朋友请他吃吴馔而引发的感慨。前一句说厨师刀功高超，切鱼片就像一片片飞雪一样；后一句是说食客们争食场面热烈，正想下筷子却发现盘子已经空了。北宋范仲淹长期在苏州为官，写过《江上渔者》："江上往来人，但爱鲈鱼美。君看一叶舟，出没风波里。"其实古人喜爱鲈鱼的原因无它，盖因用鲈鱼脍，就是鲈鱼做的生鱼片特别好吃，乃淡水鱼中的珍品。现在的人提起"生鱼片"，会联想到日本的"刺身"，它与"寿司"一道，俨然已经成为日本料理的代表性食物，殊不知江南"吴郡鲈鱼脍"曾经是中国古人餐桌上的一道美味佳肴，名气比日本人的"刺身"大得多。宋元时期，生鱼片在江南人的餐桌上还很寻常。南宋范成大致仕后，居苏州石湖之畔，其《四时田园杂兴·秋日》第十一首云："细捣枨齑买鲙鱼，西风吹上四腮鲈。雪松酥腻千丝缕，除却松江到处无"，"鲙"为"脍"的异体字，诗歌说明南宋有钱的苏州人是经常会食用生鱼片的。

清末，中国人黄遵宪出使日本，他敏锐地注意到名为"刺身"的生鱼片，正是中国古人所说的"鲙"。黄遵宪说："日本食品，鱼为最贵，尤善作鲙，红肌白理，薄如蝉翼。芥末以外，具染而已。"而周作人更以一个日本通的权威口吻，在《怀东京》中说："刺身即广东的鱼生。"然而，在普通中国民众的观念里，生鱼片已经变成了日本料理的招牌菜，而"脍"这种从先秦延续到明代的吴馔，却渐渐湮没无闻了，说起来心里有点凉凉的。

银刀脱网鱼跳白

——太湖三白

太湖之美闻名天下，而太湖所产的湖鲜食材"太湖三白"，更是老天爷对江南子民的恩赐。"三白"指的是白鱼、银鱼和白虾，《吴郡志》记载："白鱼出太湖者胜，民得采之，隋时入贡洛阳。"隋唐

▲ 20 世纪 30 年代，太湖渔民在太湖里捕鱼捞虾

时期就作为贡品。“白虾”，俗称“水晶虾”，腰身、虾须、脚爪皆为透亮的白色，清金友理撰《太湖备考》盛赞：“太湖白虾甲天下，熟时色仍洁白。”与一般虾不同的是，白虾烧熟后不会变成红色，依旧洁白，因此被奉为水产中的珍品。“银鱼”之“银”，与“白”属于同色系。据说，银鱼在水中还是银色的，一旦将其捕捞出水面就会变成白色。所以，这“银鱼”近乎透明，柔弱无骨，几乎没有鱼腥气，肉质细嫩，营养丰富，是不可多得的佳肴。

每到苏州东山、西山枇杷成熟的时候，也是银鱼的捕捞旺季，故有“洞庭枇杷黄，太湖银鱼肥”之说。清代著名史学家、文学家，浙东学派代表人物全祖望《再叠双湖竹枝词·其八》云：“沧洲阁外水茫茫，玉箸鱼羹足侑觞。依便作歌谁与和，空教吴语独清狂。”诗中言及“玉箸鱼”就是银鱼，也许它通体晶莹剔透，看上去像一根玉做的筷子，细嫩，且没有鱼刺，想来也是很适合小朋友吃的。另一位清人袁翔甫作《海上竹枝词》写道：“银刀脱网鱼跳白，金甲饤盘蟹劈黄。有约戏邀诗酒侣，携壶重醉百花坊。”描写也很生动传神。

如今环太湖流域的人们围绕“水”做了不少文章，修建了亲水、

▲ 1900 年《晚清中国见闻录》记录太湖中运输的帆船

▲ 20 世纪 20 年代，无锡太湖之畔的鼋头渚一景

▲ 20 世纪 40 年代，太湖边靠岸停泊的密密麻麻的渔船

▲ 令人心驰神往的太湖

环湖度假旅游区等工程，激活这些古老的民俗资源，使之服务于当代社会，造福于民生福祉，在传承保护中合理利用，大有文章可做。一到渔汛期，宽阔的太湖，好大一片渔帆，星星点点，团团簇簇，飘移在高远的蓝天下，更显得湖面平展、阔大。一抹斜阳将渔帆半晦半明地写意出来，于是那长一片短一片、远一片近一片、疾一片徐一片的帆影，摇曳生姿，让整整一个太湖都动了，活了。太湖帆影，成为我们生命中永远读不厌的风景。

水生四季有蔬菜

——水中八仙

江南地区河汊纵横交织，湖荡星罗棋布。至今，水生植物众多，其中享有盛誉的有八种，古有“珍用八物”之说，后世俗称“水八仙”，指的是茭白、莲藕、水芹、芡实（鸡头米）、茨菰（慈姑）、

▲ 莲藕是江南水八仙之一。图为 20 世纪 40 年代江南男子在泥塘里挖藕的情景

荸荠、莼菜、菱角等。虽说都是些家常果蔬，并无富贵之气，但一经善于烹饪的吴地民众之手，其风味适得其时，一上口便觉鲜嫩水灵、清爽淡雅。这种清淡本色、水性真味，迥异于北地的蒜酪之风，恰如清代袁枚所说，味之精微，口不能言也。故苏州民间有这样的俗谚：“春季荸荠夏时藕，秋末慈姑冬芹菜。三到十月茭白鲜，水生四季有蔬菜。”

▲ 民国时期，城镇蔬菜杂货市场街市两旁有各式门店以及莲藕地摊商贩等

▲ 1934 年，江南一名男子乘坐大木盆采菱角，通过拉拽水中的植物前行，手上沾满了污泥

1923年叶圣陶撰写散文《藕与莼菜》，表达了对故土的思念挚爱之情：“在故乡的春天，几乎天天吃莼菜。莼菜本身没有味道，味道全在于好的汤。但这样嫩绿的颜色与丰富的诗意，无味之味真足令人心醉。在每条街旁的小河里，石埠头总歇着一两条没篷的船，满舱盛着莼菜，是从太湖里捞来的。取得这样方便，当然能日餐一碗了。”

▲ 20 世纪 40 年代，上海一面人物老镜背面的采莲图案

一方水土孕育一方物种。“水八仙”名称的由来已经无从考证，有学者谓“水八仙”是苏州的专利，似可商榷，整个环太湖流域包括苏南、浙北的江河湖泊都可以栽种，不应该仅仅是苏州一地的专利；还有一种说法认为，“水八仙”也许在20世纪六七十年代期间出现，并慢慢开始流行，这种说法也可讨论。清末民初江南地区流传过许多果蔬传说，如晚清传说江南一带出现了一条恶蛟龙，铁拐李、何仙姑等八位上仙下凡游历的时候遇到了这条蛟龙作乱。八仙合力将蛟龙制服，并留下了八件法器，从此江南物产丰饶，百姓安居乐业，这“水八仙”便是由八件法器演变而来的食物。我们知道，凡传说都会有深厚的群众基础，如果没有数百年的传播，也就构不成传说。倘若是迟至六七十年代期间才慢慢开始流行，似乎不至于形成如此广大的传播力。

袁枚《随园诗话》补遗卷一（七）曰：“凡菱笋鱼虾，从水中采得，过半个时辰，则色味俱变；其为菱笋鱼虾之形质，依然尚在，而其天则已失矣。谚云：‘死蛟龙，不若活老鼠。’可悟作诗文之旨。然人莫不饮食也，鲜能知味也。作者难，知者尤难。”他所指的“菱笋鱼虾”，是指菱、笋、鱼、虾四样水产。菱指菱角，而笋，不会指竹笋，应该是指茭白，茭白的别名很多，有茭瓜、茭笋、菰手、雕胡、高瓜、菰瓜、高笋、篙芭、水笋等，茭白的学名为菰。菰的秆基嫩茎被真菌寄生后，变得粗大肥嫩，这就是人们一般食用的部分。因为其外形像竹笋，所以也被叫作“菰笋”，例如，南京人就把“茭白”列为“水八仙”第一。茭白是一种生于水中的蔬菜，绿色的长长的叶片，白白的绿绿的果实，异常洁净，惹人喜爱，入口时味道也很鲜美。

“水八仙”的称谓与传播路径，可能是苏南、浙北以及环太湖流域民众根据苏东坡当年“水中仙”的提示，再加上袁枚“菱、笋”的论述，经过历代文人的总结，将江南的茭白、莲藕、水芹、芡实（鸡头米）、茨菰（慈姑）、荸荠、莼菜、菱角形象地称呼为“水八仙”，应该是吴地民众的“乡愁”所系。

一年四季卖时新
——逢熟吃熟

江南吴方言区所属的地域，“擅三江五湖之利”，从来都是鱼米之乡。清赵筠《吴门竹枝词》吟咏：“山中鲜果海中鳞，落索瓜茄次第陈。佳品尽为吴地有，一年四季卖时新。”与苏州人“不时不食”一样，上海周边的远郊，一直也有“逢熟吃熟”的说法，这些俚谚俗语道出了江南吴文化方言区最大的特色，就是讲究食物的时令。恰如袁枚《随园食单》中的经典名言：“不时不食。”不合时令或不按自然规律成熟之物，尽量不吃。

逢熟吃熟，是江南先民的智慧，体现了天人合一的文化精神，也含有回归自然、尊重自然的科学道理。水乡民众在食材上丰富多样，时令饮食尝新、健体、融情，尽情享受大自然的赐予，养性健身，从而演绎出多姿多彩的江南精致而优雅的人文景观。

民国时期浦东一直流传着这样的说唱，题目是《逢熟吃熟真开心》：

正月里来闹新春，逢熟吃熟真开心，
年糕吃罢吃圆子，荠菜圆子肉馄饨。
二月里来时鲜多，早现竹笋炖腌鲜，

枸杞藤滋味要比马兰好，莴苣笋碧绿脆嫩嫩。
三月里来是清明，韭菜摊蛋敬客人，
黄花鱼中和大蒜，菜花甲鱼肥墩墩。
四月里来小熟到，草头摊粞装尺盆，
海中香蛳味道崭，炒麦粉吃得香喷喷。
五月端午吃枇杷，新芦叶粽子角叉叉，
炒盐豆相配茶淘饭，咸菜要炒寒（蚕）豆沙。
六月天气热难熬，嘴干喝点大麦茶，
黄浆塌饼吃到珍珠米，黄金瓜吃到大西瓜。
七月天气云又见，采腰菱蹲在河滩边，
崇明芦粟挽来吃，要比西塘甘蔗甜。
八月新粳登了场，沙粳白米香喷喷，
新米粥要配毛豆荚，糖沙芋艿回味甜。
九月西风捉蟹天，蟹簖扳网结起来，
捉着小蟹自家吃，大蟹还要卖铜钿。
十月金秋好收成，田里蔬菜样样齐，
嫩绿荠菜新上市，咸肉菜饭滋味鲜。
十一月天气冷嗖嗖，青梗菜吃到油塌棵，
黑油墩菜要浓霜打，冰胶豆腐装暖锅。
十二月到过年忙，买鱼买肉乐陶陶，
慈姑地栗两盆装，腌鸡腊肉鱼杂汤。

▲ 20 世纪初，苏州街巷中的果蔬交易，图中戴帽者似乎是地方管理人员

▲ 20 世纪 40 年代，南京桥头卖青菜的老妇人叼着烟做生意

▲ 1908 年杭州卖果蔬的小贩将应时的蔬菜食品拿到街市出售

江南四季时令果蔬不断，春季的蔬菜有辣椒、青椒、彩椒、花椰菜、甜豆、豌豆、芹菜、莴苣、荠菜、香椿、春笋、马兰头、瓠瓜、韭菜、茼蒿、豆苗、蒜苗等；夏季蔬菜则有丝瓜、苦瓜、冬瓜、芦笋、茭白、洋葱、黄瓜、佛手瓜、南瓜、苋菜、空心菜、龙须菜、地瓜叶、生菜、西红柿、茄子、豇豆、四季豆、蚕豆等；秋季是收获的季节，蔬菜更丰富，有秋葵、菱角、莲藕、栗子、山药、扁豆、菜花、大葱、百合等；冬季也是蔬菜不断，有卷心菜、花椰菜、胡萝卜、萝卜、葵年菜、大白菜、油麦菜、芥菜、菠菜、黄芽白、芥蓝、荸荠等。

▲ 20 世纪 30 年代，上海街头卖菜小贩用秤给顾客称量青菜的情景

“时令”，就是到什么时节吃什么菜，以本地物产为出发点的饮食传统，顺应时令安排饮食生活，成为江南饮食习俗的一个显著特点。四时流转，都有相应的时令食品，春天吃“椿”，夏食藕，秋有蟹脚痒，冬有羊汤节……一年四季美食不断，饮食风味连同人间的烟火气，展现了江南物阜民丰的精致图景。

秋末晚菘霜打甜

——苏菜杭笋

上海及苏南浙北一带，有“苏州菜、杭州笋”的俗谚，苏州与杭州，蔬食各有特点，“苏州四季不断菜，杭州一年不断笋”。杭州人吃笋，一年四季各有各的吃法，冬天吃冬笋，立春前后就开始吃春笋，吃到四月白哺鸡笋、毛笋接档上市。等到吃春笋最好的时节过去之后，就是靠各种各样的笋干，来打发炎炎夏日和一年中其他唯恐食无笋的时光。苏南吴地有一句俗语：“三日不吃青，两眼冒火星。”

▲ 20 世纪 30 年代，一位年长男子在卖竹笋与芹菜，他一脸愁容，身后墙壁上还有残留的标语

▲ 1918 年，上海，坐在菜筐与菜篮间的老妇人正卖着青菜，与顾客讨价还价

▲ 1940 年，上海大街上一名卖菜的老太太

这个“青”当然不光指青菜，也指一切时蔬，除绿叶菜外，还包括瓜、果、豆、根茎之类作物。

历史上中国人吃茎叶蔬菜，是在不断改变的。先民以菜充饥，“尝百草，一日遇七十毒”，也是饥饿所迫。《说文》曰：“菜，草之可食者。”《小尔雅·广物》也说：“菜，谓之蔬。”《内经》上说“五菜充饥”。先秦及至汉晋时期，多吃葵、藿、蕨菜等，之后从西域引进菠菜，又成功培育出大白菜。明清以降，在江南吴地，青菜成了最普通、最常见也最受欢迎的蔬菜。“青菜”是大白菜（菘）的变种，即不结球白菜，北方又称作小油菜，小青菜。古人称青菜为“晚菘”，《南齐书》：“春初早韭，秋末晚菘。”青菜有许多品种，其中以“八月菜”为最，至深秋霜降后，青菜里原本不溶于水的淀粉，经植株内淀粉酶的作用，变成能溶于水的葡萄糖，此时的青菜有甜味，也更上口，老百姓谓之“霜打菜”。民国时期盛泽文人沈云作《盛湖竹枝词》曰：“半畦腴翠曝茅檐，秋末晚菘霜打甜。郎踏菜时双白足，教侬多糁一星盐。”

▲ 1908 年 4 月 20 日，浙江杭州，抱着巨大竹笋的外国小孩

旧时苏沪一带民间又称作藏菜（吴语音读床菜）。明末清初张岱《夜航船·清廉》篇记明嘉靖年间督漕总兵刘玺，居官廉洁，吃饭总是以青菜为“小菜”，人呼“青菜刘”，说明至少在明代嘉靖年间，已有“青菜”的称呼了。

江南各地，青菜的品种与称谓十分丰富，晚近培育的优良品种叫“矮脚青”，另有一种“鸡毛菜”，又名青菜、小白菜、上海青，发芽长叶十多天，柔柔细细，一棵才几根菜叶，如同鸡毛一般，十分青嫩，故有此称。苏南地区“小塘菜”（也称“小棠菜”）也是青菜的一种，只不过生长周期不同，称谓也不同。夏末初秋时节，小塘菜长得一棵棵已经成型，可拔出菜秧分畦栽种。江南横塘纵溇，塘边小块地里就可以栽种，人们就将这种小青菜称为“小塘菜”，买回家中可以清炒或直接经水焯后食用，别具鲜味。

霜降过后，青菜已经长得十分壮实，叶柄短而厚，叶片大而色深，碧绿上青。上海产的称“南汇青”，苏州产的称“苏州青”，统称“青菜”，最易烹饪，煸炒易熟，吃口甜糯。炒青菜时有人喜欢放些许糖，意谓吊鲜味，与香菇炒在一起，配成“香菇菜心”，至于“鸡油菜心”则是“鸡油”的运用和对菜心的精选，更成为沪苏经典的家常菜。过了一个严寒，到春分节气前后，青菜抽薹，专掐菜薹煸炒，上海人称之为“菜苋”，现煸菜苋，碧绿生青，甜糯而有嚼头，也是吃口上佳的风物。

乌饭新饮芼醽香

——夏日素食

吴地民众有夏日吃素的习惯。在其背后，更有一种强大的力量——老百姓心中吃“雷斋素”的习俗，这个习俗与佛教信众初一、月半的吃素或者祭祀“观音”吃观音素等略有差异。相传雷尊菩萨生于农历六月，又据说雷尊是商纣王的大臣闻太师闻仲。闻仲一直对商

▲ 始创于清宣统二年（1910）的上海素菜馆——春风松月楼

▲ 20 世纪 40 年代，上海豫园湖心亭茶楼前九曲桥，左侧是素餐厅滨湖香素斋

▲ 晚清时期卖花生的小贩与前来买花生的少年

▲ 1936 年，南洋侨商胡文豹返国考察，时任上海市府科长李大超于功德林蔬食处设宴饯行留影

汤忠心耿耿，殁后由姜太公敕封为“雷部天尊”，后经道教的改造，其生前部下邓忠、辛环、金光圣母等也被封为雷公、电母、风伯、雨师，在道教神仙体系中，雷公、电母、风伯、雨师分别对应着以下人物，雷公名为江赫冲，也被称为雷师、雷神，司掌雷鸣；电母名秀文英，有金光圣母、电光元圣君、南丹流火电母元君等称号，司掌闪电；风伯名方道彰，被称作风伯方天君。在宋道教类书《云笈七签》中，风伯又名咤，号长育，寓意以风之吒育生万物；雨师名陈华夫，有雨师元君、雨师溥润真君等称号。行使风、雨、雷、电职能。受道教文化中“雷神”的影响，江南的信众相信雷尊可消灾避疫保平安，因此养成了农历六月吃素的习惯，此为“雷斋素”的由来。时间一般从六月初一开始，至雷尊生日那天结束，大约持续二十四天，不到一个月。有时候，不论是否在斋期，夏日里但凡听到打雷声，虔诚而善良的老妇人也会“吃素”，意思是“接雷斋”。

而六月“雷斋素”期间，恰恰又是各种蔬菜、豆类、瓜果大量收获的季节，瓜果蔬菜大量上市，如冬瓜、丝瓜、南瓜、茄子、豇豆等应有尽有，为这个习俗提供了源源不断的食材。江南许多上了年纪的老妇人除了进香祭拜吃“雷斋素”，家中也会恪守素食，直到雷斋期满在雷神像前叩头进香后方可开荤。旧时苏州人行雷斋素，吃斋人逢戒斋或开荤，则有去松鹤楼吃碗卤鸭面的习惯。

长期以来，因受佛、道文化影响，元之后，江南民间四月初八浴佛节有食“乌米饭”的传统。乌米很可能是黑黍，用来供佛，又称“阿弥饭”，在道家文化里，被称为“青精饭”。唐陆龟蒙《四月十五日道室书事寄袭美》诗云：“乌饭新炊芼臛香，道家斋日以为常。”清代杭州，民间流行每年农历九月初一至初十斗坛祭祀期间，杭城居民有一半要吃素食，其间初六日“大斋期”最为隆重，谓之

"食斋"。辛亥革命以后，旧俗破除，这项祭祀活动逐渐消失。

自宋代以来，文人学士受政治环境、饮食环境的影响，常把素食之美喻为"林下风"，即把素食主张与隐士清高的品格联系起来，一定程度上也助推了素食在中国古代的发展与兴盛。江南寺庙的素食烹饪技术到清代已相当成熟，一些寺庙、道观已不再满足庙内僧众的食用，开始将素斋投入商业经营中。民国徐珂《清稗类钞》曰："寺庙庵观素馔之著称于时者，京师为法源寺，镇江为定慧寺，上海为白云观，杭州为烟霞洞。"

1922年，杭州城隍山常寂寺高维均法师的弟子赵云韶在上海创立功德林饭庄，原设于北京东路贵州路口。1932年，迁至黄河路南京西路附近，以办佛事和淮扬风味素菜为特色，主要有"五香烤麸""功德火腿""素蟹粉""白汁芦笋""罗汉菜"等，均为名馔。

嫩剥蛏儿味更鲜

——南食海味

"北馔多鸡豚，南食多海味"，意思是说北方珍馐，大抵是鸡和猪等肉食；而南方饮食则较多海鲜。宋室南渡并建都临安（今浙江杭州）后，饮食结构与饮食风气大变，使得南北珍馐美馔得以大交流。而"南食"里面，水产鱼虾类占很大比重，"海味"一般指适合作为食品种类的海鱼和海生贝壳动物。

"海鲜"在古代更通行的叫法叫"海错"，《尚书·禹贡》说："厥贡盐、絺，海物惟错"，意为海中物产斑驳错杂，故称各种海味为海错。三国吴太守沈莹的《临海水土异物志》中，已经记载了黄花鱼、比目鱼、乌贼、蚶、蛎等至今仍然常见于餐桌上的海鲜。

南宋时期，被范成大称作"江珧柱"的"江瑶羹"出现在苏州很多酒楼里，其他还有石首玉叶羹、水龙丸子（鱼丸或虾丸）、虾鱼笋蕨羹等。蚶和蛏在唐宋时皆为贡品。宋嘉定年间，宁海文人胡融描述

▲ 20 世纪 30 年代，上海，端着碗吃饭的儿童，身后是晒着的鱼干

宁海的风俗："近则采螺蚌蛏鳐蛎之属，以自瞻给或载往他郡为商贾。"此说明蚌、蛏等已经作为商品进行交易。《梦粱录》《武林旧事》等书都记载了南宋临安市场上，以蒸、煮、煎、炸、烹、生、烩、糟、腌、酱、醉等不同方法制作的海鲜菜肴及鲞、鲊（干鱼）等有上百种，且风味多样。这些菜肴，也多以当时的明州（今浙江宁波）等地所产海味制作。元倪瓒《云林堂饮食制度》特地记载了一道以蛤蜊为原料制作的海鲜小菜。

明清时期，人们食用海鲜的方式更为普及，宫廷里也有"炙蛤蜊""鲨鱼筋""炒鲜虾"等用海味烹制的大菜。明刘若愚《酌中志》还记录了用海参、鳆鱼、鲨鱼筋、肥鸡、猪蹄筋等烩在一起，名为"三事"的海鲜大杂烩。明冯梦龙《三刻拍案惊奇》卷二十五《缘投波浪里，恩向小窗亲》一篇写道："即如浙江一省，杭、嘉、宁、绍、台、温都边着海……每日大小渔船出海，管什大鲸、小鲵，一罟打来货卖。还又有石首、鲳鱼、鳓鱼、呼鱼、鳗鲡各样，可以做鲞；乌贼、海菜、海僧，可以做干；其余虾子、虾干、紫菜、石花、燕窝、鱼翅、蛤蜊、龟甲、吐蚨、风馔、螬涂、江鳐、（鱼）鳔，哪件不出海中，供人食用、货贩？”对江南沿海地区捕捞贩卖海鲜的盛况，作出了细腻的描写。清袁枚《随园食单》中，单列“海鲜单”，列举了海参、鱼翅、鳆鱼、淡菜、乌鱼蛋、江珧柱、蛎蚝等海产品的吃法。在列出这张清单之前，他还评论道：“古八珍并无海鲜之说。今世俗尚之，不得不从众。”

浙江宁波东临东海，得天独厚的海洋资源，四季轮番提供的海产品，使得宁波人自古以来就形成了以烹制海鲜（包括江鲜）为主的菜品结构。在古代宁波的竹枝词里，可以看到宁波人喜食的黄鱼、带鱼、墨鱼、石斑鱼、海鳗、蟹、虾、蚶子、蛏子、牡蛎、泥螺、海蜇、海带、紫菜、苔菜等各种海味，清代宁波人徐镛《山前竹枝词》云：“爱尝蜃蛤每垂涎，嫩剥蛏儿味更鲜。广种海边赢种稻，何须沧海变桑田。”

近代上海人喜食海鲜的习惯，大抵来自宁波人，普通民众如何品尝到东海的鲜美滋味？1933年，上海市立渔业指导所统计显示，当年市民共消费了82 150担鲜带鱼及9 934担咸带鱼。巨量带鱼需求完全仰仗宁波等地渔场的支撑，上海“本市渔轮捕获者，仅占六百分之一”。沪上海鲜姓“阿拉”的现象贯穿整个中国近现代史，直至新中

▲ 清末，南方渔民将捕捞的鱼晒干，制成鱼干作为海产品出售

▲ 20 世纪 30 年代，上海，一个妙龄女子正在吃油焖大虾

▲ 20 世纪 30 年代，苏州菜市场卖海鲜产品的情形，海味为这座古城飘出缕缕江南的烟火气息

国成立以后。1950年新华社记者提供的数据还是：“上海鱼市场往常每年成交鱼货一亿二千万斤以上，其中海鲜占八千多万斤，大部分来自舟山群岛。”可以说，海鲜是近代上海联结宁波的又一重“亲缘纽带”。

九十团尖膏满筐

——鱼肥蟹美

中国人食蟹的历史，大概可以追溯到史前时期，考古人员曾经发掘出良渚文化时期吴越先民的食用废弃物——大量河蟹蟹壳，这样看它的历史应该很长了。宋代有《蟹谱》记载五代时期吴越国王钱镠专门设置了蟹户捕蟹，已经形成官方制度。南宋陆游《病愈》曰：“蟹黄旋擘馋涎堕，酒渌初倾老眼明”；明徐渭写过两首《题画蟹》的诗：“稻熟江村蟹正肥，双螯如戟挺青泥。若教纸上翻身看，应见团团董卓脐。”“谁将画蟹托题诗，正是秋深稻熟时。饱却黄云归穴去，付君甲胄欲何为。”清秦荣光在《上海县竹枝词》里写道：“九十团尖膏满筐，老饕筵佐醋和姜。无肠索挂成和尚，蝴蝶双黏壁上僵。”这首竹枝词也是应了江南的俗谚：“秋风起，蟹脚痒，九月圆脐十月尖。”

九月要食雌蟹，这时雌蟹黄满肉厚；十月要吃雄蟹，这时雄蟹蟹脐呈尖形，膏足肉坚，简单说就是“九雌十雄”。古人常用“团尖”或“尖团”指代蟹。江南的好蟹出在阳澄湖。上海人吃蟹蔚为传统，对食“大闸蟹”似乎有一种情结。最负盛名的食蟹饭店首推王宝和，据说日本人为了这个美味，乘着飞机来王宝和吃蟹。他们不问大闸蟹的产地，一概称为“上海蟹”，就像出产在湖州南浔的“辑里丝”，英国人也叫它“上海丝”一样，两样风物距离上海很近，全系上海的名声太大所致。

▲ 20 世纪 30 年代，上海小菜场河蟹交易的情形

▲ 中秋节正是吃螃蟹的好时候，江浙沪地区都是吃螃蟹的好地方

▲ 20 世纪 40 年代，上海市民吃清水大蟹一景

而上海人呢，称这种蟹叫“大闸蟹”，是因为当时苏州、昆山、常熟一带的捕蟹者，在港湾间设置了竹簖，当地人将这种竹簖称为“闸”（其实是指栅）。夜间挂上灯火，蟹见光亮，即循光爬上竹簖，此时人们只需在闸上将其一一捕捉，故称“大闸蟹”。清代顾禄《清嘉录》说：“湖蟹乘潮上簖，渔者捕得之，担入城市，居人买以相馈贶，或宴客佐酒。有‘九雌十雄’之目，谓九月团脐佳，十月尖脐佳也。汤煠而食，故谓之‘煠蟹’。”“煠”字有两个读音，一读yè，一读zhá，本义是“煮”，卖蟹人挑担进城沿街叫卖，大声叫着“煠蟹唻大煠蟹”，显然是读着后者的音，成为沪上秋天的一道风景。“大闸蟹”的得名从“煠蟹”而来，也是可能的。

自古以来，民间一直有这样的说法：“螃蟹上桌百味淡”“一蟹压百菜”，特别是金秋季节，稻谷飘香，鱼肥蟹美，食螃蟹是莫大的季节性享受，而蟹又是下酒的佳肴。好蟹佐好酒，故事自然来。吃蟹要有钱，也要有闲，两者缺一不可，作为一种感官享受，是从魏晋时期开始的。《世说新语·任诞》记载，晋毕卓（字茂世）嗜酒，说：“右手持酒杯，左手持蟹螯。拍浮酒船中，便足了一生矣。”这种人生观、饮食观影响了许多人。从此，人们把吃蟹、饮酒、赏菊、赋诗，作为金秋岁月的一段佳话，在文人墨客中尤甚流行。

人们把大闸蟹比作味中极品，因为它具备了美食所必备的色、香、味、形、质。蟹的味道虽然鲜美，但其貌不扬，张牙舞爪，横

▲ 1945 年，上海街头一个衣衫褴褛的小男孩品尝大闸蟹的情景

行霸道。用蟹来比喻的人和事往往带有贬义。明代有一首民歌《京师人为严嵩语》讽刺大奸臣严嵩骄横不可一世的行径：“可笑严介溪，金银回如山积，刀锯信手施答（说他随意杀人）。尝将冷眼观螃蟹，看你横行到几时。”齐白石老人当年同样以蟹的横行霸道讽刺日寇的罪恶行径。由食蟹而念及人间世事，不论你多么强悍得势，都不能太过强妄“豪横”。

第二章

传统面食与糕饼

清末至民国时期，由于历史条件与自然环境的因素，麦类作物在江南获得大面积种植，麦类在民众的饮食结构中亦逐步占有了一定地位。进入民国以后，国内军阀混战，动荡不安，外来文化的进入和民主世风的影响，绘就了特殊的民众生活饮食风貌。

生活，本意就是生下来活下去，所以即便时局不稳，战乱频仍，民众也不曾忘记对美食的追求。传统面点在江南广泛地普及，品种日见增多，也丰富了民众的生活。江南各地饮食市场，各种面食店、糕团店、茶楼、小食店等分布广泛，依托黄金水域、宜人气候，特别是国民政府定都南京，成为当时的政治中心，夫子庙附近的面馆林立，其面点流派也是五花八门，此外像上海城隍庙、苏州观前街、杭州河坊街等，供应面食的面馆店铺，诸如烧饼、油条、麻花、茶馓、馒头、馄饨、水饺、元宵、阳春面等大众品种，都已成为民众普通的日常果腹食品。小吃作为一个地区最具有代表性的食物，在任何时期都是不可或缺的。富人有富人的精巧奢侈食品，穷人有穷人外观一般却同样可口的小吃点心。民国初年在社会人文思潮的影响下，各式小吃都有了很大的发展，特色品种不断增多，并显现出个性特色，深受人们的喜爱。

风景如画的江南水乡，香飘千里的各式美食糕点，有的已经流传上千年了。在江南人的味蕾中，糕点是不可缺席的。很多已经成为我们中华民族的传统名点，如艾草青团、桂花糕、芡实糕、荷花酥、大麻糕、红豆糕、梅花糕等。甜咸相宜、赏心悦目的糕点背后，蕴含的是绵延数千年的珍馐文化，既是充饥果腹之食物，又是茶食美点，酒食佐餐之珍品。

▲ 1946 年 2 月 28 日，联合国减灾和复原联合会货船装载救济中国饥民的面粉抵达上海港卸货的情形

汤饼一杯银线乱

——汤面象征

自从宋室南渡，江南的面食就出现了新的局面。北人大量迁移江南，带来了以面食为主食的饮食习惯，与南方的烹饪技术进行了融合，并有了创新。从宋代起，面食的花样和口感开始被不断翻新。北宋江西诗派开山之祖黄庭坚所写的《过土山寨》诗云：“汤饼一杯银线乱，蒌蒿数箸玉簪横。”面条像银线一样散乱分布在碗里，几片蒌

蒿像玉簪横放在面上，一碗普通的面也被描述得非同寻常，日常的饮食生活也被描写得生动有趣。

汉代，人们皆称面食为“饼”。只要是把面粉和在一起做的食物，都叫“饼”，这是古代面食之通称。魏晋时期出现了“水引饼”，一种长一尺，“薄如韭叶”的水煮面食，类似今天的宽面条。晋人束皙《饼赋》：“玄冬猛寒，清晨之会，涕冻鼻中，霜凝口外。充虚解战，汤饼为最。”说汤饼可解冷御寒，是冬季的美食，此外还有“汤玉”“水面”等名目。唐代的面食有了新的拓展，《新五代史》卷四十《李茂贞传》：“朕与六宫皆一日食粥，一日食不托。”唐代称面条为“不托”“不饦”或“蹲饦”，甚至出现了帝王过生日吃生日面的习俗，《新唐书·列传·玄宗皇后王氏》：“陛下独不念阿忠脱紫半臂易斗面，为生日汤饼耶。”刘禹锡《赠进士张盥》也说：“忆尔悬孤日，余为座上宾。举箸食汤饼，祝辞添麒麟。”所谓“举箸食汤饼”，就是用筷子夹面吃的情状。

陆游《老学庵笔记》记有“东坡食汤饼”故事。宋代的面条花样繁多，并形成了不同的地方风味，吴自牧《梦粱录》、孟元老《东京梦华录》和周密的《武林旧事》，他们记载的面食就多达四十余种，“梅花汤饼”“五香面”“八珍面”“三鲜面”“百合面”“鹅

▲ 民国时期南京大街上一处出售馒头和包子的商铺，师傅正在揭开笼屉

▲ 江南古镇上供应切面的面坊随处可见

▲ 1914 年创办的上海华丰面粉公司

面”“大澳面”“淹生软羊面”“素面”等，不一而足，以至民间婴儿出生后的第十天要举行“汤饼会”，以邀请亲朋好友来吃面的方式表示庆祝。宋人对于食物有一种莫大的耐心，他们研究饮食之道，并创制出各种美食，最终将宋代饮食的精致推向了高潮。

明清之后，特别是到了清代，面食的配料也越来越丰富。袁枚也是一个面食爱好者，《随园食单》里列举了鳗面、温面、鳝面、裙带面和素面共五种面条的制作方法，强调“重汤轻面”。而李渔则反其道，喜欢“重面轻汤”，回归吃面的本质。《闲情偶寄》里，他这样唱反调：“以调和诸物，尽归于面，面具五味而汤独清，如此方是食面，非饮汤也。”两位老先生说得都有理，只是角度与侧重面不同，但都道出了江南面食的真谛。

有人说，从晚清到现在，如果只能选择一种美食来代表苏州，那唯有汤面。此话只能算是文学语言，其实代表苏州美食的食物有很多，苏州的糕饼精致内敛，毫不张扬，看似简单平常，却处处有回味，若不是积上百年光阴的余脉，是决计做不成如此精致优雅的美食的。1934年莲影《苏州小食志》云：“皮市街狮桥旁张锦记面馆，亦有百余年历史者。初，店主人挑一馄饨担，以调和五味咸淡得宜，驰名遐迩，营业日形发达，遂舍挑担生涯，而开面馆焉。”那些老面馆的创业者，大体经历了肩挑担子，风里雨里笃笃敲着梆子穿街过巷，用积下来的辛苦钱开间门面，由此白手兴家创业；如同一碗面在沸水里翻腾一样，都是经历了人间的历练与苦熬，故而才能成就其事，成为江南面食的集大成者。

嫩白鲜羹玉面条

——面制食品

西晋永嘉年间（307—313），北方少数民族军队入主中原，不堪战乱的士族百姓纷纷南迁。他们来到江南，也带来了小麦的种植技

▲ 1938 年，江苏徐州，一群女子在街市做饼

▲ 1945 年上海一家羌饼摊，做羌饼的师傅叼着卷烟从容自在

术，使小麦第一次在江南地区得到了较大规模的发展。种植面积较大的建康周围和京口、晋陵之间以及会稽、永嘉一带，也正是北方人南迁的主要聚集地区。另一次，就是宋室南渡，南宋建都临安，皇亲国戚与大量士人南来，广泛种植麦子，甚至在传统稻谷产地，也开始种植麦子。如松江府沿吴淞江两岸的“沙冈”地带，原先种稻，宋以后皆种麦子，亩产小麦高达2石，亩产量甚至比华北麦区的产量还要高。

江南饮食结构中，占据着主导地位的主食是米、面，以及米面制品。人以稻米为主食，一日三餐，或粥或饭。南宋时这种情况略有变化，吃面食的多了起来。经过明清时期的发展，苏州茶食坊肆极多，供应面食的品种相当丰富。南宋庄绰《鸡肋编》记载：“（南宋）建

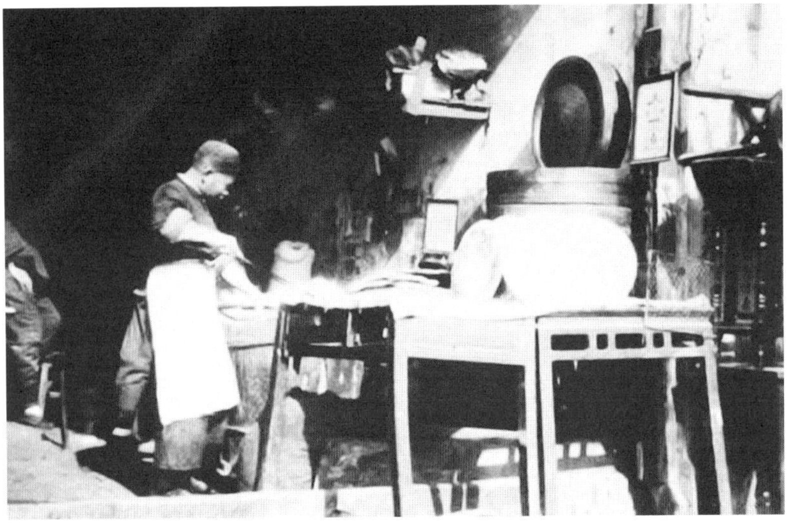

▲ 1929 年上海街头做烙饼的小店铺

炎之后，江、浙、湖、湘、闽、广，西北流寓之人遍满。绍兴初，麦一斛至万二千钱，农获其利，倍于种稻。而佃户输租，只有秋课。而种麦之利，独归客户。于是竞种春稼，极目不减淮北。”意思是金兵入侵，宋皇室南迁，人口大量涌入江南。当时农人种麦的利益“倍于种稻”，提高了农人种麦的积极性。有了麦，才会有江南面食花样繁多的物质基础。

于是，原本以稻米为生的江南人，他们餐桌上就多了一份选择：一碗热气腾腾的大面。明代松江府华亭人宋诩所编《宋氏养生部》第二卷“面食制”记载了苏州面的种类，如鸡子面、齑面等不下12种面条。为什么吴地民众对面食的接受度如此之高？明人王世贞将苏州与全国主要其他城市进行对比，得出结论：苏州为“天下第一繁雄郡邑”“繁而不华汉川口，华而不繁广陵阜，人间都会最繁华，除是京师吴下有”。美国学者施坚雅（G.William Skinner）以现代经济理论为视角，验证了苏州在古代中国的经济地位，他也认为：“苏州是19世纪中叶以前，中国唯一拥有全国性经济中心地位的城市。”

民国时期，苏州籍作家包天笑在《衣食住行的百年变迁》中写道：“苏州面花样多，无出其右，有荤面、煎面、冷面、阳春面、糊涂面……种种色色指不胜屈。”苏州文人陆鸿宾撰《旅苏必读》记道：“点心店凡四种，如面店、炒面店、馄饨店、糕团店。面店则有鱼面、肉面、虾仁面、火鸡面；炒面店则有炒面、炒糕，看夜戏回栈，尚可喊唤来栈；馄饨店则有馄饨、水饺、烧卖、汤包、汤团、春卷；糕团店则有圆子、元宵、年糕、团子、绿豆汤、百合汤。”苏州面店茶食，除坊肆零卖之外，玄妙观中为最多，面店、糕团店、茶食店，门市如云。

1927年国民政府定都南京后，促进了南京的商业繁荣，各种食肆林立街头，其中自然少不了面馆。南京秦淮河畔的饮食文化十分发达，鳞次栉比的面馆食店，座无虚席，门庭若市。许多面馆推出独特风味的面食。民国张通之《白门食谱》记载：“利涉桥迎水台的油酥饼，饼厚而酥，以猪油煎成，味香面酥油滋而不腻，耐人索味。”此外还有各类面食，如南京小煮面、东台鱼汤面、虾油面、鱼汤鳝丝面、南通跳面、镇江锅盖面、苏州苏式汤面等，成为官员、政客的宴请好去处。杭州面点的招牌片儿川面价格适中，最早由杭州老店奎元馆首创，其特色在于倒笃菜和笋片的鲜美，让食客吃后回味无穷，是

▲ 20 世纪 40 年代，南京街头做羌饼的摊贩

市民最喜爱的日常小吃之一。

明代文学家陆深（1477—1544），南直隶松江府上海县（今上海市浦东新区）人，其著述宏富，为明代上海人中绝无仅有。今上海浦东鼎鼎大名的“陆家嘴”，也因其故宅和祖茔而得名。陆深曾经写过《江东竹枝词四首·其四》云：“明月垂杨独树桥，桥西熟酒好良宵。红香细剥莺哥嘴，嫩白鲜羹玉面条。”他将一个明月之夜，在镇上桥西吃一碗鲜羹面条的情景写得很有意境，能够将一碗面条吃出那么多花样，倒也是印证了“嫩白鲜羹玉面条”的美感。

三鲜大面一朝忙

——面上浇头

清康熙年间，瓶园子《苏州竹枝词》写道：“三鲜大面一朝忙，酒馆门头终日狂。”意思是面馆只做早市，酒馆终日不停歇。多年来，苏州人养成“早餐一碗面”的传统。由此，老百姓对面食的喜爱催生出众

▲ 20 世纪 20 年代，上海德兴馆店面颇为简陋，边上就是肉摊，却高悬“鸡汁大面”的招牌，以特色面点相号召

▲ 苏州观前街“三鲜大面”的招牌很是醒目

多面馆。从现有资料看，清末至民国年间苏州城有100余家面馆，名声较大的有十多家，张锦记、松鹤楼和观振兴三家名列前茅。姑苏古城的居民中有钱的阔佬多，对饮食极其讲究，哪怕是吃一碗面，也要像吃正规菜肴一样，吃得有滋有味，吃出故事来。于是，“江南一碗面”就出现了各种各样的“浇头”，甚至出现了别样的奢华。

所谓浇头，是浇在菜肴上用来调味或点缀的汁儿，也指加在盛好的饭或面上的菜，主要是调味，当然也有装饰作用。所有的面，基本上都是“光面”，光面说得好听一点，上海人称之为“阳春面”。阳

▲ 20 世纪 20 年代，上海街边悬挂着“冬菇大面”的广告招牌

春面是苏式汤面的一种，又称清汤面，汤清味鲜，清淡爽口，是比较常见的面食。上海市井隐语以十为阳春，以前此面每碗售钱十文，故称阳春面。开洋葱油拌面又称海米葱油拌面，以熬香的葱油和烧透的海米（沪人俗称“开洋”），与煮熟的面条一起拌食。面条韧糯滑爽，海米软而鲜美，葱油香味四溢，成为最佳面食主打搭配。

阳春面，在苏州那是平民吃的，要将阳春面吃出味来，就得加添不同的浇头，如焖肉、爆鱼、炒肉、块鱼、爆鳝、鳞丝、鳝糊、虾仁、卤鸭、三鲜、什锦、香菇面筋……其种类丰富，几乎可以涵盖整个苏帮菜的菜谱。凡是佐餐之佳肴，都可成为面的浇头，如《红楼梦》第六十一回：“你娘才下蛋呢！通共留下这几个菜上的浇头，姑娘不要，还不肯做上去呢！”清代的浇头也叫“飘马儿”，因为它可以在菜或汤上放少许用以调味或搭配颜色的小菜等。

吴方言的“面浇头”，有人解释是“桥头”的谐音，这恐怕说不通。清李斗《扬州画舫录》卷十一《虹桥录》下：“面有浇头。以长鱼、鸡、猪为三鲜。”早就说出了这个词特指“面浇头”，老百姓说惯了，也就习以为常了。民国时期苏州各面馆的生面，一般都是自制，如“银丝细面”，细而长，韧而爽，久煮不烟不坨，条条可数。苏州黄天源饭庄的炒肉面，渔郎桥万泰饭店的咸菜肉丝面，松鹤楼的卤鸭面，朱鸿兴面馆的三虾面等，都以不同的浇头著名，但作为大众食品还是以创于清光绪十年（1884）位于阊门外古桥旁近水台的焖肉面最为著名，苏州人常言近水台的焖肉面“上风吃，下风香”。苏州还有两碗有名的面：一碗是“枫镇大面”，被誉为苏州“最难做、最精细、最鲜美”的苏式汤面；另一碗则是“昆山奥灶面”。相传是乾隆皇帝下江南时，途中来到昆山一家小面店吃了一碗红油爆鱼面，觉得味道无比鲜美，只是灶面有点儿脏。乾隆倒也不以为意，后来御赐“奥灶”之名，就是上海话中“龌龊”的意思。从此该面声名远播，后人在此基础上发展了汤料配方，精心调配，使奥灶面成为了名副其实的美味佳肴。

面馆风光无限，生意兴隆，江南各地的面条用得上一句脍炙人口的诗句：“欲把西湖比西子，浓妆淡抹总相宜”，虾爆鳝面的浓烈、片儿川面的淡雅，无论味浓还是味淡，面，还是那碗面，只不过高汤打底，浇头如意，浓淡皆有味。宁波人一碗青白如春水的雪菜肉丝笋片面，吃起来也是清淡；南京人爱吃面，甚至爱到城里街坊里形成好几条面条巷来；苏州人的那碗面还讲究风雅和彩头；民国以后上海面馆可以说是集周边面点之大成，各种各样的浇头应有尽有，食客无论偏好荤素还是浓淡，总有一碗符合你的口味。其他还有如深得乾隆皇帝赞赏的镇江锅盖面、汤白汁浓的东台鱼汤面、条细似弦的常州银丝面、淮安长鱼面、南通的跳面、徐州沛县的冷面、入口即化的焖肉面、丝丝入扣的大排面、鲜滑弹牙的鳝鱼面、汁满肉厚的爆鱼

▲ 1933 年上海一个孩子端着碗吃面条

面、鲜香开胃的八宝辣酱面、清爽鲜嫩的雪菜肉丝面、浓油赤酱的罗汉上素面……加上青椒肉丝、猪肝、腰花、素鸡、蘑菇等两拼乃至三拼的无限排列组合，在江南开面馆，如果你不准备个二三十种浇头，怎么也说不过去。

一盏开阳咸菜面

——面馆招牌

苏州朱鸿兴面馆始创于1928年，原在护龙街（现人民路）鱼行桥旁与怡园相对。其焖肉面最初由店主朱春鹤亲自到菜市选购材料，特选三精三肥的肋条肉制成焖肉浇头，烹调细致，将肉焖至酥软脱骨，焐入面中即化，但化而不失其形。最后浇头、面汤和面融为一体，咸中带甜，甜中蕴鲜，尽显姑苏面点之特质。

台湾大学历史系教授逯耀东是江苏丰县人，从小在苏州长大。他在《寒夜客来——中国饮食文化散记之二》回忆朱鸿兴面馆时写道：“出得巷来，就是鹅卵石铺地的护龙街，过鱼行桥不几步，就是朱鸿兴了。每天早晨上学过此，必吃碗焖肉面，朱鸿兴面的浇头众多，尤其初夏虾子上市之时，以虾仁、虾子、虾脑烹爆的三虾面，虾子与虾脑红艳，虾仁白里透红似脂肪球，面用白汤，现爆的三虾浇头覆于银丝细面之上，别说吃了，看起来就令人垂涎欲滴。不过三虾面价昂非我所能问津，当时我虽是苏州县太爷的二少爷，娘管束甚严，说小孩不能惯坏，给的零用钱只够吃焖肉面的，蹲在街旁廊下与拉车卖菜的共吃，比堂吃便宜。所以对焖肉面记忆颇深，离开苏州，一路南来，那滋味常在舌尖打转，虽然过去台北三六九，日升楼有焖肉面售，但

▲ 民国时期，苏州观义兴面馆竖起店招，前面有乞讨的饥民

▲ 1929 年杭州街头的面馆

▲ 20 世纪 30 年代的街头面馆

肉硬汤寡，面非银丝而软扒，总不是那种味道。”通过对一碗面的细致描写，逯教授的思乡之情溢于言表，令人动容。

“一望二三里，面馆四五家”，形容的就是星罗棋布分布在大街小巷里数不清的面馆，面馆的名字同样令人回味无穷。在今苏州博物馆里静静地躺着一块清光绪三十年（1904）的苏州面馆业各店捐输碑。这块碑上记载了当年苏州生意最好的几十家面馆：观正兴、松鹤楼、正元馆、义昌福、南义兴、长春馆、添兴馆、瑞必馆、陆兴馆等，令人称奇的是许多面馆的字号几乎都带个“兴”字。金孟远《吴门新竹枝词》云："时兴菜馆铷家常，六十年来齿芳芬。一盏开阳咸菜面，特殊风味说渔郎。"不独苏州，南京餐馆面馆的店名也是带"兴"字的居多，如马祥兴、刘长兴、包顺兴、韩复兴、金宏兴、金陵复兴园等。其中缘由，一是表现自己的正宗，是传统餐馆的嫡传；二是店主开设店铺，都希望兴旺发达，和气生财，大抵都是取个吉利的字，趋吉避凶，是中国民俗的特质之一。

▲ 1935 年上海素面馆

▲ 20 世纪 40 年代，江南面馆的堂倌端起面来技巧娴熟

据统计，传统店铺取名，大都离不开以下汉字：堂、聚、德、和、义、居、行、店、顺、裕、兴、隆、瑞、永、昌、元、亨、万、利、复、丰、春、茂、盛、同、乾、谦、吉、公、仁、协、鼎、光、益、中、通、全、信、久、恒、大、美、庆、安、康、泰、正、合、生、成、广、润、发、洪、源、福、厚、长……当然，招牌上的时兴，也反映了民国时期商业竞争的无序和利益争夺的激烈。那个年代没有商标法，工商登记比较简单，不像现在有周全的审核程序。张三是"兴"，李四也是"兴"，大家一起"兴"，就如同上海"老大房"食品店，是一家已有一百四十多年历史的老字号，据说因为经营出色，生意火爆，一时引来不少商家竞相冒名，竟然出现了几十家"老大房"。后来，"老大房"创始人的继承者重新注册了商标，在原先招牌前加了个"真"字，以示嫡传，并最终形成了以"真老大房"为总店，东区、南区、西区和北区四家"老大房"为分店的经营格局。不过，后来市面上又出现"真正老大房"，也是防不胜防，"老大房"招牌为与众

不同，只得在“真”字的外面又加了一个圈，以示区别。谁说民国时期的生意好做？其实，生意背后考验的是人性，人间的商业缠斗，没完没了，古今皆然。

撑腰相劝啖花糕

——水乡糕团

糕团之于江南正如饺子之于北方。水乡稻作文化，糯笃笃的吴侬软语，人们用巧手将淡而无味的米制作成各式形态香甜软糯的江南糕团。一块糕团，要将米粉细磨细筛，经过蒸粉、揉匀、出条、整形、冷却等手工工序，成品细韧糯软、香甜肥润。

糕的起源十分古远，《周礼·天官·笾人》记载：“羞笾之实，糗饵粉糍。”郑玄注云：“饵、糍皆粉稻米黍米所为也。合蒸曰饵，饼之曰糍。”糍糕就是用米捣烂以后做成的糕点。《楚辞·招魂》中道：“粔籹蜜饵，有餦餭些”，说的就是吴越一带出产的甜米粑。唐代是一个开放的朝代，贞观年间，从西域传入胡饼与蔗糖，催生了茶食糕点的问世。随着优良水稻品种的引进、农耕技术的进步，炙、烙、炸、蒸等不同种类的糕点，在宋代相继问世，制作工艺也日臻成熟，黏性强、颗粒饱满的糯米成为糕点制作的主要原料。

清末民初仅苏州一地，糕团点心铺便达上百家之多，颇有声誉的有数十户，尤以黄天源、颜聚福、乐万兴、谢福源、柳德兴更为闻名。杭州的民间糕点，据周密《武林旧事》，“市食”一章中共记录各类民间糕点19种：糖糕、蜜糕、栗糕、麦糕、豆糕、花糕、糍糕、雪糕、茯苓糕、小甑糕、蒸糖糕、生糖糕、蜂糖糕、线糕、闲欢糕、乾糕、乳糕、社糕、重阳糕，加上科举盛行，进士糕、状元饼等专为进京赶考的糕点也应运而生，并流传至今。江南糕点或胜于味，或长于形，或擅着色，或优于绘，代表性的糕点有苏式月饼、猪油年糕、青团、百果松糕和豆酥糖等，以工艺精湛，制作精细而闻名。

一年四季，江南各地几乎是用糕团来标志和记载的，恰如流传在平湖地区的《十二月节令》所记录的：“正月里，闹元宵；二月二，撑腰糕；三月里，眼亮糕；四月四，神仙糕；五月五，小脚粽子箬叶包；六月六，大红西瓜颜色俏；七月七，巧果两头翘；八月八，月饼小纸包；九月九，重阳糕；十月十，新米圆团新米糕；十一月，白糖圆子桂花浇；十二月，糖蕈糖元宝，吃仔就滚倒。”

每年农历二月初二前后，江南家家户户以隔年的年糕油煎食之，以求腰板硬朗，耐得劳作，故称“撑腰糕”。时人竹枝词云：“二月二日春正饶，撑腰相劝啖花糕。支持柴米凭身健，莫惜终年筋骨劳”，有关年糕的则是“片切年糕作短条，碧油煎出嫩黄娇。年年撑得风难摆，怪道吴娘少细腰”。撑腰糕是江南地区一种典型糕点，只有春天才会有，即用糯米粉制作成椭圆形，中间稍凹，如同人腰状的

▲ 1932 年，苏州街市出售海棠糕的流动小贩

▲ 20 世纪 40 年代，南京卖蒸儿糕的妇女

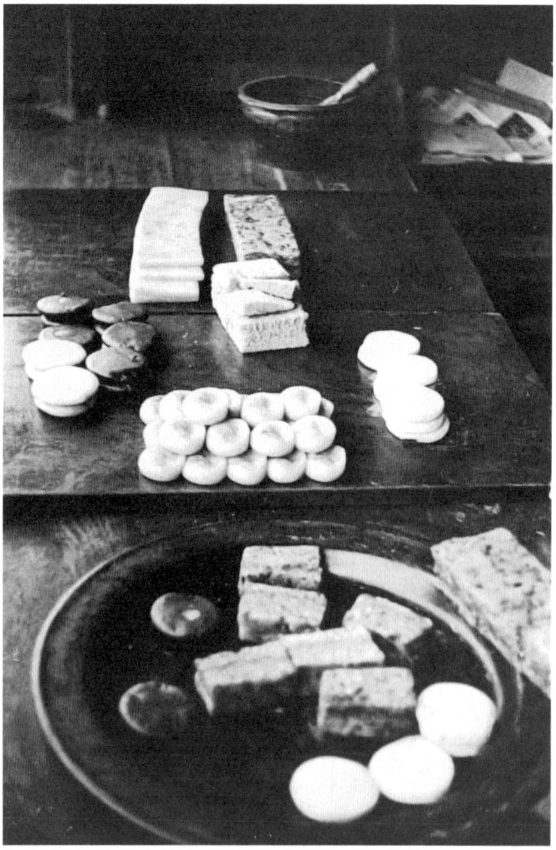

▲ 20 世纪 30 年代，上海街头糕团店供应的各式糕点

▲ 20 世纪 40 年代，苏州街头出售糕点的小吃摊贩

塌饼，再撒上一层桂花，好看又好吃。至于清明节标志食品的青团，则是整个江浙沪地区的节令食品。草长莺飞时节，人们割来一丛丛野生在河岸、沟渠、田埂边的草，洗净浸泡一段时间后，捞出捣烂，拧出青汁，用晾干的水磨纯糯粉拌匀、揉和，点浆配方，馅以果糖，揉成糕团上笼蒸熟。刚出笼的青团绿如碧玉，油亮似翡翠，清香扑鼻，吃起来甜而不腻。

稻米情结，水乡民俗，糕团里不仅有乡民的喜悦，还有信仰、风俗、时令、人文和地域的记忆与故事。

▲ 民国时期，上海久负盛名的新雅茶室旧影，该店以供应粤式茶点为特色

干湿相兼凭点中

——小食茶食

花样繁多的美食，复杂的烹饪技术，品种上也是叫人眼花缭乱，《梦粱录》所记南宋杭州的饼类品种多达数十种，著名的有菊花饼、月饼、开炉饼、肉油饼、甘露饼、韭饼、炊饼、烧饼、枣箍荷叶饼、油酥饼、糖榧饼、薄脆饼、玉延饼、辣菜饼、芙蓉饼、鱼虾饼、通神饼、神仙饼等二十多种。滋味各异的面饼加入民间小食的行列，丰富了原本看似普通的茶食，加上受到宫廷的青睐与推动，文人骚客的追捧，其格调立马就很不一般了。

生活的富足，闲暇时间的增多，林林总总的茶食小吃，不仅刺激着民众的味蕾，也承载着人们的记忆与情怀。鲁迅曾借着《在酒楼上》的角色发出内心呼唤："一斤绍酒。——菜？十个油豆腐，辣酱要多！"朱自清《桨声灯影里的秦淮河》云："在菜店里吃了一盘豆腐干丝、两个烧饼之后，以歪歪的脚步踅上夫子庙前停泊着的画

▲ 晚清时期，教会学校的师生在享用茶点。茶食虽比较简单，但照片中的人物非常生动

▲ 20 世纪 40 年代，上海茶楼里竹屉蒸的面点

舫。”

“小食”一词，最早见于晋干宝《搜神记》，意同“茶食”，也指点心，饥饿的时候可以暂时充饥。即人们赋闲时喝壶茶，觉得要配一碟茶食。所以若从广义上讲，是包括茶点在内的糕饼点心的统称。元末明初陶宗仪撰《南村辍耕录》，卷一七“点心”条：“今以早饭前及饭后、午前、午后、哺前小食为点心。”《红楼梦》第五十五回：“一年学里吃点心，或者买纸笔，每位有八两银子的使用。”

“小吃”原指简单价廉的菜肴，如“经济小吃”“家常小吃”，特指冷盘、点心之类的食物，简单而随意的食用。进入20世纪后，小吃是一类在口味上具有特定风格特色食品的总称。小吃就地取材，能够突出地方特色，更是离乡游子对家乡思念的主要对象。世界各地都有各种各样的风味小吃，因当地风俗而异，特色鲜明，风味独特。现代的小吃，人们通常不是为了吃饱，品尝解馋以外，借助异地风味小吃，还可以了解当地风情。

“茶食”，如前所述，意谓糕饼类的佐茶食品。元张国宾《薛仁贵荣归故里·第三折》：“正值着日暖风微，一家家上坟准备。准备些节下茶食，菜馒头，瓢漏粉，鸡豚狗彘。”明冯梦龙《初刻拍案惊奇·卷六》：“隔了几日，赵尼姑办了两盒茶食，来贾家探望巫娘子，巫娘子留他吃饭。”清顾张思《土风录》云：“干点心曰茶食，见南宋宇文懋昭《金志》：‘婿先期拜门，以酒馔往，酒三行，进大软脂小软脂，如中国寒具，又进蜜糕，人各一盘，曰茶食。’”南宋周煇《北辕录》也记载：“金国宴南使，未行酒，先设茶筵，进茶一盏，谓之茶食。”

小吃、点心与茶食，是正餐或主食之外的餐饮总称，但常常会被人与主食混同。20世纪20年代，正是粤菜在上海崛起之时，冠生园老板冼冠生在上海开办“消夜馆”，最初就是夜间吃消夜的茶食店。朱文炳

▲ 1933 年上海街头的大众点心店

▲ 20 世纪 30 年代，上海南京路一乐天茶食店门口，隔壁是美丽牌香烟的商店

《海上竹枝词》倒是一眼看出他的意图：“广东消夜杏花楼，一客无非两样头。干湿相兼凭点中，珠江风味是还不。冬日红泥小火炉，清汤菠菜味诚腴。生鱼生鸭生鸡片，可作消寒九九图。”“干湿相兼凭点中”一句很可回味，“干”指糕点，“湿”是茶水，如此而已。

郎若闲时来吃茶

——嘉湖细点

所有有关饮食的著作里，关于“点心”的定义最难，一方面是时代的演进，点心内涵发生很多变化，另一方面则是点心的内容太广博了，如赤豆小圆子、生煎包、小笼包、馄饨、糯米糕团、糖粥等算不算点心？鲜肉月饼、枣泥麻饼、海棠糕、大饼油条、粢饭糕等算不算点心？可以算也可以不算。如前所述，自古以来，“点心”原本指糕点之类的食品，饥饿的时候可以暂时充饥。它是正餐之外，“垫垫饥”（也写作“点点饥”）的一种餐饮方式。

清孙静庵《栖霞阁野乘》卷一记康熙皇帝第三次南巡时，康熙问陪同的人：“闻吴人每日必五餐，得毋以口腹累人乎？”意思是江南人怎么一天吃五顿呢，难道他们不知道口腹之累吗？陪同的地方官员告诉康熙：“此习俗使然。”康熙笑道：“此事恐尔等亦未能劝化也。”民国徐珂《清稗类钞·沪人之饮食》曰：“沪多商肆，饮食各品，无不具备，求之至易，而又习于奢侈。虽中人以下之人，茶馆酒楼，无不有其踪迹。以常餐言，几无一人蔬食也。”又解释苏州人喜

▲ 1913 年，上海棋盘街同芳茶居挂出的供应茶点与中外罐头广告

▲ 民国时期上海老字号商铺——祥泰合茶食店老照片，供应华洋杂货、中外罐头等

▲ 1890 年的南京路，近景的路边是“大生号”商铺，门前悬挂着“浙宁茶食　闽广洋糖”的巨幅招牌。除了人力车外，街头还可见欧式马车

欢“点心”道：“苏人以讲求饮食闻于时，凡中流社会以上之人家，正餐、小食，无不力求精美，尤喜食多脂肪品，乡人亦然。”

上海人、苏州人说的“小食”，其实都是正餐之外的“点心”而已。有民间传说，南宋抗金名将韩世忠见将士们浴血沙场，英勇杀敌，甚为感动，便令夫人梁红玉亲自下厨烘制大家爱吃的糕饼，送到战场，以让将士们“点点心意”，此后，“点心”便成了美味糕饼之类小零食的代称。南宋吴曾《能改斋漫录》曰：“世俗例以早餐小食为点心，自唐代之时，已有此语。按唐郑修为江淮留后，家人备夫人晨馔，夫人顾其弟曰：‘治妆未结，我未及餐，尔且可点心。’”

“点心”之称，宋庄季裕《鸡肋编》卷下记述：“上微觉馁，孙见之，即取怀中蒸饼云：‘可以点心。’”清吴炽昌《客窗闲话·

补骗子》记述："徐曰：'我尚未餐，腹中馁甚，官人肯同一点心否？'"许多史料证明，自唐代以来，所谓"点心"是正餐之前的小食，用以充饥。民国时期《苏州小食志》也曾记道："点心二字，不知何所取义？或者饥火中烧，以小食点缀之，得自安，点心之义得毋是欤？"

清顾张思《土风录》卷六"点心"又引周煇《北辕录》云："洗漱冠饰毕，点心已至。"接着又说明点心为馒头、馄饨、包子等，在唐朝已有此名了。点心的功用就是南方人说的"弄点点心点点饥"，如同北方人说的"做点什么，垫巴垫巴"。周作人《南北的点心》说："据考察，北方的点心历史古，南方的历史新，古者可能还有唐宋遗制，新的只是明朝中叶吧。点心铺招牌上有常用的两句话，我想借来用在这里，似乎也还适当，北方可以称为'官礼茶食'，南方则是'嘉湖细点'。"元代湖州有个叫张雨的文士，写了一首男欢女爱的竹枝词，就是点明男女相会以嘉湖细点佐茶相迎的情景："临湖门外是侬家，郎若闲时来吃茶。黄土筑墙茅盖屋，门前一树紫荆花。"备嘉湖细点，留约会地点暗号，意境颇美。

看来，吃点心的主要目的就是为"点饥"，或也可称"垫饥"。至于它的种类，北方传统点心最常见的是"八大件"和"八小件"。

▲ 1937 年，南京路 512 号浙江路东，老大昌茶食号

▲ 茶点茶食是茶道文化低调生活的优雅物质基础

八大件以八块不同品种糕点配搭一组为一斤。八小件也是八个品种分十六小块为一斤，作为礼品，以八大件为主，质量都是上佳之品。

南方的“点心”弄得有点复杂，光是在苏州，不但有着面、馄饨、糕、团、饼、馒、饺、羹、汤的分类，而且还有着家中常储，以备不时之需的“小点心”，出门远足必带的“干点心”，待客品茗时摆上的“茶点心”，以及遍布全城的鸡鸭血汤、豆腐花、油氽臭豆腐、炸油墩子等不计其数的小吃点心。若是再要细分下去，那花样层出、口味各异的点心，到底有着多少样，恐怕谁也说不清。晚清袁祖志《沪城城内竹枝词》云：“定胜条头碗里糕，鲍鱼大肉面重浇。三餐不识双弓米，灶婢汤炊锅底焦。”前两句罗列了两类四种点心：定胜糕、条头糕、鲍鱼面（不是粤帮菜“鲍翅”的“鲍”，而是“爆鱼面”）、大肉面，上海点心品种远不止这几样，但两句已经烘托出一个丰盛繁杂的饮食市面。有那么多的选择，流连街头的大老倌，哪还有心思回家喝粥（双弓米）呢？看来，康熙皇帝当年惊讶的吴人吃五顿口腹不嫌累，也是事出有因。

人间济楚蕈馒头

——馒头别解

在北方，有馅的馒头叫包子，没馅的，俗称“实心馒头”，概念好像很明晰。然而在吴方言地区，一般有馅的却不叫“包子”，还是称“馒头”，直到今天许多老上海人仍把南翔小笼称作小笼馒头，常见的有馅的菜包子、肉包子，几乎都叫作菜馒头、肉馒头、雪菜馒头、蟹粉馒头、豆沙馒头、花卷馒头、萝卜丝馒头等，这也是江南饮食中一个有趣现象。

“包子”与“馒头”，今天地无分南北，都有混同，而约定俗成的区别在于：有馅的叫“包子”，没馅的称“馒头”。两相比较，馒头要古老得多，至少可以上溯到三国两晋南北朝时期的蒸饼，而包子的出现则始于宋代，宋王栐《燕翼诒谋录》载：“（宋）仁宗诞日，赐群臣包子。”该书“包子”后特地注明：“即馒头别名。”孟元老《东京梦华录·饮食果子》也说：“诸般蜜煎香药……更外卖软羊诸色包子。”馒头之有馅者，北方称为包子，一般是用面粉发酵做成的，大小依据馅心的多少而有所不同，最小的可以称作小笼包，其他依次为中包、大包、三丁包。常用馅心为猪肉、羊肉、牛肉、粉条、

▲ 中国人的传统饮食有两大特色：一是共食制，另一是用筷子，至清末依然沿袭不废，图为晚清一群上海男子在用筷子吃包子

▲ 20 世纪 30 年代中后期，豫园“南翔馒头”的店招很是醒目

▲ 20 世纪 30 年代，中央大学李博士与女儿向穷人的孩子分发包子

香菇、豆沙、芹菜、茄子、包菜、韭菜、豆腐、木耳、干菜肉、蛋黄、芝麻等，皆可入馅。

食物名称绝非空穴来风，而是经过长时期的民俗流变才慢慢积淀下来。古代，“饼”是各种面食的总称，由面粉制作的食物，大多可称作饼。从先秦到两汉，面食形态不断丰富多样，饼的品种已有十多种，《释名》中就有“胡饼、蒸饼、汤饼、蝎饼、髓饼、金饼、索饼之属”。魏晋以后，饼的花样渐渐多了起来，大致可分为以下几种：一是蒸饼，直至北宋，因避仁宗皇帝赵祯名讳，蒸饼就改叫炊饼；二是炉饼，唐代吸收西域的胡饼，经过改进后，类似烧饼，后又出现了馅饼；三是汤饼，直接下到水里煮熟的，经过长时间的演化，就成了今天的面条；其他还有煎饼、烤饼之类。

说起“馒头”，它是一种用面粉发酵蒸成的食品，形圆而隆起，很长一段历史时期里，蒸饼和馒头都是混称的，也不管它是否有馅。汽蒸是源于中国的一种食物制作方法。到了西汉时期，人们食用的蒸饼，做法就十分讲究，饼中常包有精美的馅心。相传“馒头”曾称为“蛮头”，与诸葛亮南征孟获有关，宋高承所撰《事物纪原》对此有详细记载，明代大量野史笔记采用此说，可见也非空穴来风。馒头源于祭祀，三国时期，诸葛亮在擒获孟获后行至泸水时有异象发生，诸葛亮用白面揉成人头状的面食，投至水中，于是雾气散去，异象消失。军队第二天安然渡河。后来，这种面食开始被称为“蛮头”，因为在古代南方人被称为“蛮”，所以称为“蛮头”。

“包子”则源于宋代。起先也不限于食品，宋朱彧《萍洲可谈》记载：“近岁帝子藩衍，宫闱每有庆事，赐大臣包子，银绢各数千匹两。”逢年过节，朝廷遇到喜庆之事，皇帝赐给臣子金银珠宝或是绫罗绸缎，称为“包子”。民间还有记载，说宋神宗重视文教，有一次令太学教授厨艺，他去太学视察，厨房便制作了有馅的馒头呈给皇上品尝，皇上大为赞赏：“以此养士，可无愧矣！”自然少不了赏赐，太学馒头可以来钱，类同“包子”，传播开来，民间遂将做得好吃的馒头称作“包子”。

北宋苏轼《约吴远游与姜君弼吃蕈馒头》诗云：“天下风流笋饼餤，人间济楚蕈馒头。事须莫与谬汉吃，送与麻田吴远游。”将笋饼与馒头并列为人间美食。北宋灭亡，宋室南渡，北方胡人入主中原，北方民众就将没馅的叫作馒头，有馅的则叫作包子。南宋的统治中心在江南，江南食材丰富，民众常将肉、菜、豆蓉等包裹其中，将这一类食物统统都叫作“馒头”。

▲ 20 世纪 30 年代，伫立在寒风中售卖馒头的小贩，边上是正在兜揽生意的三轮车工人

▲ 20 世纪 40 年代，四川路汉口路路口转角处的大壶春生煎店

生煎馒头蟹壳黄

——生煎烧卖

江南各地都有非常有名气的小吃名点，近人廖语者编《山海经新童谣》，其中《苏州名小吃》，很有韵味。姑苏小吃流播整个吴方言区，代表了整个吴地的名点：

“姑苏小吃名堂多，味道香甜软酥糯。生煎馒头蟹壳黄，老虎脚爪绞连棒。千层饼、蛋石衣，大饼油条豆腐浆。葱油花卷葱油饼，经济实惠都欣赏。香菇菜包豆沙包，小笼馒头肉馒头。六宜楼去买紧酵，油里一氽当心咬。茶叶蛋、焐熟藕，大小馄饨加汤包。高脚馒头搭姜饼，价钿便宜肚皮饱。芝麻糊、糖芋艿，油氽馓子白糖饺。鸡鸭血汤豆腐花，春卷烧卖八宝饭。糯米粢饭有夹心，各色浇头自己挑。锅贴水饺香喷喷，桂花藕彩海棠糕。臭豆腐干粢饭团，萝卜丝饼三角包。蜜糕方糕条头糕，猪油年糕糖年糕。汤团麻团粢毛团，双酿团子南瓜团。酒酿圆子甜酒酿，定胜糕来梅花糕。笃笃笃卖糖粥，小囡吃

▲ 1949 年，上海街头卖生煎的小贩，同时还供应油豆腐线粉汤等点心小吃

仔勿想跑。赤豆粽子有营养，肉粽咸鲜味道好。鸡头米、莲子羹，糖炒栗子桂花香。枣泥麻饼是特产，卤汁豆腐干名气响。”

晚清以来，名点太多，数不过来。这里挑个“生煎馒头蟹壳黄”说说，先说“蟹壳黄”，是用油酥加酵面作坯，先制成扁圆形小饼，外沾一层芝麻，贴在烘炉壁上烘烤而成，馅心有咸、甜，因其形圆色黄似蟹壳而得名。

专说“生煎”，这是土生土长的上海点心，据说已有上百年的历史，其特点为：皮酥、汁浓、肉香、精巧。轻咬一口，肉香、油香、葱香、芝麻香等溢满唇齿，令食客胃口大开，幸福又满足。自19世纪60年代英国人在今人民广场一带建造了第三座跑马厅后，南京东路浙江中路一带逐渐形成茶肆集中之地，著名的茶馆有“日升楼”“萝春阁”“一壶春”“同卢”等，这里成为聊天谈行情的地方。茶馆除提供场地及茶水外，一般还向顾客提供茶食点心。约19世纪80年代，浙江中路的“萝春阁”老板以发酵有馅的小馒头放在平底锅内，再加上水和油的混合物焖煎，出锅的馒头底被油煎成焦黄而味香，上部又如水蒸而成的馒头，味道很好，上海人遂称之为“生煎馒头”，以后各店争相仿效，成为上海知名度很高的一道点心。

作家高阳（本名许晏骈）所写的历史小说《胡雪岩》，其中写了

▲ 上海街头的油豆腐线粉汤担，吸引了许多小孩子来品尝

红顶商人胡雪岩约请漕帮老大尤五吃饭谈生意的故事。他们吃的是番菜，临了，服务生端来了“尾食”。结账时，竟然是一桌鱼翅席的价钱，而漕帮老大尤五却说未曾吃饱，笑道：“番菜真没有吃头，又贵，又不好吃。”“情愿摊头上一碟生煎馒头，还吃得落胃些。”吴方言中的“蛮落胃”既有吃得适宜，不撑肚，不涨肚的意思，也与上海方言中的“乐惠”谐音，惠而不费，具有同样的意思。

生煎馒头起源于20世纪20年代的上海，因为它油水扎足，对需要扛饿的贩夫走卒，是能够抵得饭食的。再说它无须与幽窗下高士雅客、太太小姐品茗的高雅会所为伍，而是可以和老虎灶（熟水店）伴生，出入于平民大众喝茶的地方。一般在老虎灶的隔壁，一爿半开间门面的小店、一个柏油桶改制的炉子、一口铸铁平底锅，里面再有一张长条形的台板，一个生煎店铺差不多就可以开张了。生煎馒头在出锅前，师傅总要将平底大锅斜一下，是为了避免锅子四周的生煎过于焦黑。生煎又热又鲜，重油馅多，撒上芝麻、葱花，吃在嘴里，香气扑鼻……

据说生煎馒头摊，最早是被精明的商人、上海大世界的创办人，也是中国新药业先驱黄楚九看中，首先将生煎引入了他自家所开设的萝春阁茶馆店中，从此生煎馒头成了萝春阁茶馆店的招牌美食。于是生煎馒头也就不再仅仅是草根的专享物，而变成了无分阶层无分男女老少的食品，在上海广受欢迎，到30年代起出现了专营生煎的店铺。当时生煎馒头分成两大派系：所谓混水生煎（在馅料中加肉皮冻）和清水生煎（在馅料中不加肉皮冻）之分，也有面皮半发酵和全发酵

▲ 20世纪30年代，上海小街热卖“鸡丝馄饨、三鲜锅贴”的市招迎风招展

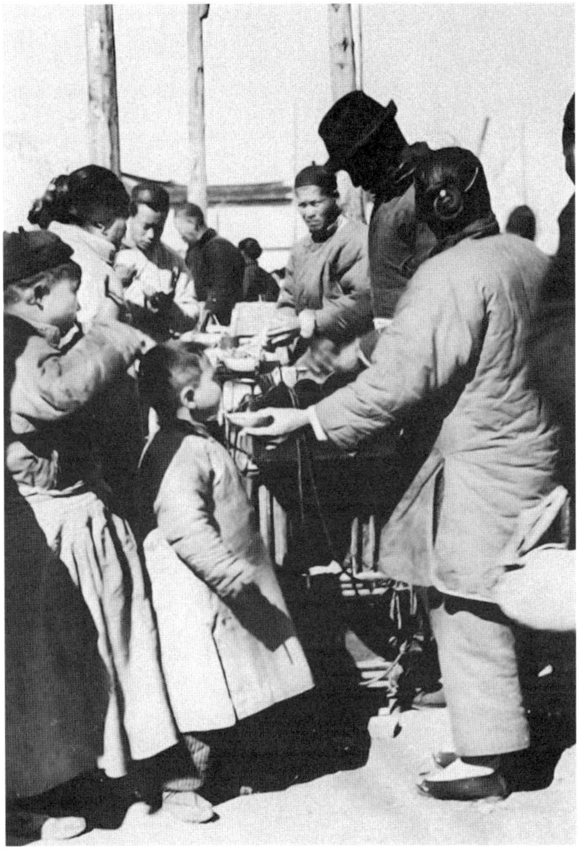

▲ 1934 年，无锡街头的一个烧卖小吃摊前围满了食客，孩子们吃得津津有味

之别，混水生煎以“萝春阁”为首，清水生煎则以“大壶春”为强。大壶春始创于1932年，与萝春阁在街对面打起了擂台，双方竞争给彼此带来了双赢，更促成了生煎馒头风靡上海滩，市民可以根据各自不同的口味和爱好，选择不同的店家去品尝，就连许多纵横上海滩的江湖大佬与大亨名流都很喜欢这两家店的生煎。

说到“烧卖”，清郝懿行（1757—1825）曾经做了这样的判断：“烧麦之状如安石榴，其首绽中裹肉馅，外皮甚薄，稍谓稍稍也，言麦面少。”按郝懿行的解释，因烧卖皮子甚薄，馅一般是鲜香的糯米，所以口感软糯，麦面非常少，所以称为“少麦”，这个解释似乎说得过去。但烧卖确有很多别称，如“烧麦”“稍美”“稍梅”“烧梅”“稍卖”“稍麦”等。其中“稍麦”在内蒙古地区可以得到印证，内蒙古西部各市一直流传不衰的传统风味食品就是稍麦，用一种面制包馅的笼蒸点心，外形束折如花，皮薄馅嫩，与江南地区的传统小吃“烧卖”外形类似，但是所用馅料不同。

明《清平山堂话本》一书，辑录《快嘴李翠莲记》，为宋代无名氏所作。其中有一桥段：“翠莲道：‘爷开怀，娘放意。哥宽心，嫂莫虑。女儿不是夸伶俐，从小生得有志气。纺得纱，续得苎，能裁能补能绣刺；做得粗，整得细，三茶六饭一时备；推得磨，捣得碓，受得辛苦吃得累。烧卖、匾食有何难，三汤两割我也会……’”这说明烧卖在明朝已是寻常食物。《儒林外史》第十回云：“席上上了两盘点心，一盘猪肉心的烧卖，一盘鹅油白糖蒸的饺儿。”《金瓶梅词话》四十二回记载西门庆与他的拜把兄弟应伯爵、孙寡嘴、谢希大、常时节、祝日念等一起吃的点心里面也有一种叫“桃花烧卖”的名目。所谓“桃花烧卖”，说的是开口像桃花的模样。清乾隆皇帝下江南，他的几份御膳食单里，多次出现“小卖”“猪肉菠菜馅稍麦”字眼，说明乾隆对烧卖还是情有独钟的。

民国美食家唐鲁孙对扬州与苏州的“翡翠烧卖”推崇备至：“烧卖馅儿是嫩青菜剁碎研泥，加上熟猪油跟白糖搅拌而成的，小巧蒸笼松针衬底，烧卖褶子捏得匀，蒸得透，边花上也不像北方烧卖堆满了薄面”，几乎是赞不绝口。民国以后，“烧卖”的名称得到较多普及，各地烧卖的品种更为丰富，制作也更精美。如杭州的牛肉烧卖、苏州的三鲜烧卖、盛泽烧卖、上海的“春笋烧卖”等，值得一提的是上海浦东冠名下沙的“春笋烧卖”，源于明代下沙百姓犒劳抗击倭寇的将士。阳春三月，馅料取鲜嫩春笋、新鲜猪肉，半粒糯米也没有，入笼屉蒸上十二分钟，一笼鲜香扑鼻的春笋烧卖就可以上桌。皮子透明，笋肉鲜脆，一直很受欢迎。

第三章

西方饮食文化的传入与接受

19世纪40年代，第一次鸦片战争后，面对跟随坚船利炮而来的西方饮食文化，国人的心理是充满矛盾的：一方面相对于东方古国悠久的美食传统，当国人看到吃着半生不熟的牛排、喝着腥膻味扑鼻的牛奶乳酪的西方饮食文化，产生出一种蔑视与不屑一顾的心态；另一方面也有人将西方饮食与西人体格以及坚船利炮和强权政治联系起来，认为就该接受西方饮食文化。然而，更多的人则主张吸收西方饮食文化中的“先进”成分，拿来为我所用。19世纪60年代前后，出现了第一批由国人经营的西菜行业。随后，各色西菜社、西菜馆纷起效仿，争相以异国风味和营养卫生招徕顾客，但烹饪之法以不中不西、不土不洋者占大多数。名谓西菜，实无欧味，故人们总是称之为“中西大菜”。

当吃西菜成为上层社会人士的时髦，旋又因商业社会普通市民所形成的趋新心理所驱使，大多数西菜消费者，认为“吃大菜”的口味与中式菜肴无甚区别，乃至出现“西菜中吃”的方式，这说明大多数人对于西方饮食文化尚处于浅层接受的阶段，并且又呈现出两极倾向：一种情况是达官贵人、名媛淑女以及“裙屐少年，往往异味争尝，津津乐道”，引为时髦；另一种情况是卫道士们视为非酸辣即腥膻，掩鼻不遑，对“番菜”极不友好。可见，当时对西方饮食文化的盲目趋崇或者盲目排斥是同时存在的。

19世纪80年代前后，随着西方文化和生活方式对中上阶层人士，特别是对工商界、知识界以及纨绔舞女辈的潜默熏陶日益加深，对异国风味的品尝已不仅仅是一种热闹浅薄的时髦，第二代西菜馆又应运而生，它们千方百计以“来路货”招徕顾客，用进口的高级罐头和调味品做原料，烹制略具西方口味的“正宗西菜”，以口味上的突破把华营西菜业带到了新的营业高峰，崛起于民国建立以后的第三代华营西菜业，更是凭借食客人数激增、口味层次提高的优势，逐渐以独立完整的欧美操作技式立足于中国餐饮业，其中尤以法式西菜最受欢迎。连同西式糖果点心和调味品烹饪术为国人所接受的程度逐渐加深，西式菜点的流行和普及，标志着西方饮食文化在中国的传播已经进入蓬勃发展时期。

▲《航海述奇》的作者张德彝，是中国近代较早吃西餐的晚清外交官员。图为年轻的张德彝在欧洲留影

▲ 清末上海上西餐馆用餐是当时颇为时髦的生活方式

万钱一食亦何心

——西餐初识

《航海述奇》是晚清一个叫张德彝的外交官出使国外所撰的旅途杂记，七十余卷，二百余万言。有必要介绍一下张德彝其人，此人乃晚清外交官兼翻译官，镶黄旗人，祖籍辽宁铁岭。同治元年（1862）入同文馆学习，历任通事、译官、秘书、参赞等职。同治五年随斌椿、赫德游历欧洲，后又以译员身份多次随使欧美各国。光绪二十七年（1901）以记名道员赏三品卿，任出使英、意、比国大臣。

张德彝出使国外，每到一地都记述当地的奇闻逸事。那年，张德彝搭乘英国邮轮由天津去上海时，第一次吃西餐，并记述其详。他写道："盖英国饭馔，与中国迥异，味非素嗜，食难下咽。甜辣苦酸，调和成馔。牛羊肉皆切成大块，熟者黑而焦，生者腥而硬。鸡鸭不煮而烤，鱼虾味辣且酸，一嗅即吐。"船上的伙食是"每日三次点心，

▲ 1908 年，晚清官员出席西餐会，右为荷兰探险家马达汉，左中为陕甘总督升允

两次大餐……所食者，无非烧炙牛羊鸡鱼，再则糖饼、苹果……饮则凉水、糖水、热牛奶、菜肉汤、甜苦洋酒”“更有牛油、脊髓、黄薯、白饭等物”。张德彝还写道：“每人小刀一把、大小匙一、叉一、盘一、白布一、玻璃酒杯三个”“五味架分装油、醋、清酱、椒面、卤虾。”

有人说，张德彝是“第一个认识并记录西餐的中国人”，是不是“第一”无法考证，但张德彝对于西人用餐所记之详，可从民国徐珂《清稗类钞》中得到印证：“国人食西式之饭，曰西餐，一曰大餐，一曰番菜，一曰大菜。席具刀、叉、瓢三事，不设箸。光绪朝，都会商埠已有之。至宣统时，尤为盛行。”清人的笔记中也屡屡记有怎样用西式餐具刀、叉、勺；入席的座次，男女主人必坐于席之两端，宾客坐两旁，以近女主人之右手为上；进餐的程序，主人执杯起立，相让而饮，继而进肴，终之进点心等，可谓异曲而同工。

要说西餐的历史，早在汉代，中华文化与波斯古国及西亚各地的灿烂文化通过“丝绸之路”互动交流，就包括饮食文化与食品的交流。13世纪元朝时，意大利旅行家马可·波罗来华，到过中国数十个城市，其中在江南居住时间最长，苏州与杭州给他留下了深刻的印象，回国之后编纂而成《马可·波罗游记》，详细介绍了中国各地物产和饮食风俗。马可·波罗介绍西方饮食风俗，广义而言，也可看成是“西餐”，只不过那仅限于一些食材和物产的相互交流层次。像晚清如此大规模地涌入，且如此近距离地影响中国人的饮食方式，还是远超于马可·波罗时代的。严格地说，中国人对于“西餐”的认识，是从19世纪中叶开始的。

就像黄瓜，于今我们耳熟能详，其实，黄瓜是汉代从西域传入，原名叫“胡瓜”，最早之所以改名，普遍的说法是后赵开国皇帝石勒因为自己是羯族，所以讳称“胡”字，据唐代吴兢《贞观政要》：“隋炀帝性好猜防，专信邪道，大忌胡人，乃至谓胡床为交床，胡瓜为黄瓜，筑长城以避胡。”所以，北宋苏轼作词时，已经将胡瓜写成“黄瓜”了：“簌簌衣巾落枣花，村南村北响缫车。牛衣古柳卖黄

▲ 晚清吴友如绘《吴友如画宝》，女子吃西菜的“别饶风味”图

瓜。”明代王世懋的《学圃杂疏》则记录了“温室黄瓜”的栽培过程：“王瓜（即黄瓜）出燕京者最佳。其地人种之火室中，逼生花叶，二月初即结小实。”

同样，中国人世世代代吃惯了自己的饭菜，对于西餐的接受，也会像张德彝的态度一样，会很不习惯，晚清《京都竹枝词》中有一句诗很能表达这种心态：“微物不能增寿命，万钱一食亦何心？”等于是说，有什么好吃的，还卖得那么贵？！

寿头最怕请西餐

——番菜褒贬

清代以前，中国人将中土之外的人称为“夷”，将异域称为“番”。“番”字是个象形字，始见于西周文字，从采、田，是“采”的加旁字，本义是兽足，引申为更替、轮值，后又引申为用来指称西方异族及异国，如“番邦”“异邦”。人们对西式饭菜，起初就称为“番菜”，历史上如对西亚、中亚、美洲地区农作物的移植，

▲ 1908 年，一群上海人聚在一起吃西餐

▲ 19 世纪下半叶，上海食客对西餐趋之若鹜的情景

▲ 1939 年，达官贵人的时髦——吃西餐

对佛教饮食文化的吸收，等等，都是在名称之前加上一个“番”字，如番茄、番瓜、番石榴、番羌、番枣、番豆、番荔枝、番木瓜、番红花、番龙眼、番杏等，这些植物名称中以“番”字开头，一般都是从国外引种栽培的。

饮食风俗在中国民俗传承中是相对比较稳定的领域，用筷子吃饭数千年不变，中国人宴饮风俗以及相关礼仪程式也是恒久不变，历代变化不大，盛行在西周的乡饮酒礼，腊祭之时的饮酒欢娱，上可追溯到三代遗风，下及清朝道光年间，其敬老、尊长、咨询、议政的古风一脉相承，连酒会的程序：谋宾、迎宾、献宾、旅酬和送宾的礼仪也因袭旧制，大同小异。

所以，面对“番菜”的涌入，国人的心态能不复杂和矛盾吗？农耕民族是造长城的民族，和平和防御是农耕民族最主要的特点。江南是中国农耕地区的典型代表，牛是农耕民众的生产工具，人们鲜有吃牛肉的。民众在大量涌入的西方饮食面前，其餐饮在固有惯性下，态度又呈现出两极倾向。

民国徐珂《清稗类钞》曰：“国人食西式之饭，曰西餐……光绪朝，都会商埠已有之。至宣统时，尤为盛行。”黄协埙《淞南梦影录》曰：“贵游子弟喜食英法大菜，而杏花楼、同香楼、一品香、一家春、中园等诸番馆，又复崛起。”19世纪七八十年代，上海等地出现了一些“番菜馆”。人们对“装饰之华丽，伺应之周到”的西菜有了兴趣，并且“华人间亦往食焉”。面对西餐的进入，人们又不能不采取现实的态度，以诧异的目光注视着外国人日常生活中最琐细的

▲ 1945 年抗日战争胜利后，上海老城一处搭有棚子的公共餐饮区一览，画面清晰，可见“西湖藕粉”“美味牛肉”等文字

细枝末节：为什么他们吃得那么多，又非得吃肉和新鲜牛奶不可？

对于番菜的传入，就接受者来说，最初是上层社会的时髦，被当作是阔绰和排场的体现，更导致19世纪八九十年代番菜馆如雨后春笋般出现，在改良革新、西学传播、商业宣传及各帮菜肴竞争等诸多合力的作用下，西餐逐渐以新的方式融入江南本土的饮食中。这在当时许多文人留下的半文半白的竹枝词中可以感受到，如1872年5月18日《申报》刊登的《沪北竹枝词》云：“牛酥羊酪作常餐，卷饼包粦日曝干。留行中华佳客到，快呼捧上水晶盘。银刀锋利割鲜来，脯脍纷罗盛宴排。传语新厨添大菜，当筵一割已推开”（自注：宴客设大菜，一割即命撤去，再易他馔）。《沪北西人饮食竹枝词》记载：“筵排五味架边齐，请客今朝用火鸡。啤酒百壶斟不厌，鳞鳞五色泛玻璃”（自注：用火鸡为最珍重，非上客不设也）。当然，尴尬也是无可避免的，有一首竹枝词这样描述上海市民吃西餐的情形：“寿头最怕请西餐，箸换刀叉顶不欢。还可照人敷衍过，要他点菜更为难。”“寿头”是吴方言中的一句俗语，称愚蠢、做傻事、出洋相的人为“十三点”“寿头”等，也是出自吴地的一种语言习惯，类同北方人所称“二百五”。

器皿精工皆用盘
——生昌番菜

早先的番菜馆，大抵由洋人经营，食材从国外运来，顾客也以在华的侨民为主。随后，因外交和商务需要，与外国人打交道的中国官员与买办商人，成为第一批品尝西餐的华人食客，紧跟着西菜逐渐进入清代宫廷，甚至清朝政府举行国宴也用西菜招待外国使节，进而又流入民间，再由一些中国商人经营西餐馆，开始中国人经营西菜的时代。

上海是江南最早接触西方文化的城市，据一些研究咖啡馆与西餐

▲ 生昌番菜馆所在地——虹口老大桥街

馆的专家考证，说起上海西餐、咖啡史料，有三家与西餐、咖啡相关的标志性店，是不能被忽略的。它们是老德记、一品香和生昌番菜馆，当然这是就咖啡馆而言，但咖啡馆与西餐馆终究难以剥离，“饱来随意饮高馡”，吃好西餐后就喝咖啡，好像有点连带性。在这三家不能被忽略的“标志性店”中，首屈一指的是开设在外滩南京路上的老德记，地址在今和平饭店处，时间是1853年，当时距上海开埠不久。老德记堪称上海西药店的鼻祖，并不能算作西餐馆，暂且不论。一品香番菜馆则是大名鼎鼎，开设于1880年。那时，生活在上海的洋人渐多，本地有钱人也争相品尝，食客渐众，人气渐旺。海昌太憨生《淞滨竹枝词》云：“番菜争推一品香，西洋风味睹先尝。刀叉耀眼盆盘洁，我爱香槟酒一觞。”生昌番菜馆前身是虹口咖啡店，1851年，来沪广东人胜仔在虹口老大桥直街第三号门开设了一家咖啡店，虽属小本经营，但品质尚佳，生意渐好。1876年12月这家咖啡店改名生昌咖啡馆。翌年12月又改回做番菜馆生意。直到1883年，这家生昌番菜馆迁至英租界福州路。

▲ 1906 年落成的汇中饭店是上海较早供应西餐的饭店之一

▲ 20 世纪 20 年代，一支俄罗斯侨民乐队在礼查饭店孔雀厅演奏

▲ 西式餐厅的内部陈设与餐桌布置

所以，上海最早的西餐馆，坊间更倾向于是生昌番菜馆。1874年云间逸士在《申报》上发表竹枝词："酪酱膻肉也加餐，器皿精工皆用盘。对客无须夸下箸，刀叉拈手主宾欢。"（《洋场竹枝词》）上海的番菜馆早期集中在外虹口，与该地早期外轮比较集中不无关系，来沪的广东人云集虹口，也与这个特点不无关系。葛元煦《沪游杂记》也说外国菜馆"开设外虹口等处"，西人宴会之所，"华人间亦往食"，葛氏所记，与生昌番菜馆营业时间上吻合；再次，生昌番菜馆早在1873年12月17日《申报》上刊登广告："请至虹口老大桥头便是，生昌番菜馆启"，"虹口老大桥头"应该是四川路桥头。至19世纪80年代，生昌番菜馆已经开到了人烟稠密的福州路，就是今日的杏花楼，商业店面几经易手，频繁且寻常。

无论是生昌番菜馆，还是一品香番菜馆，都意味着西餐在19世纪七八十年代已经完全进入上海的饮食市场，从为洋人服务到接待中国宾客，逐渐为国人熟悉。作为异国菜馔进入上海食肆，引起了一部分敢于尝新的上海商人的兴趣，于是上海一些商人或邀请外国厨师，或模仿西菜烹调方法开设营业性西菜馆，就带来了上海社会不同以往的社会景观。据曾任浙江诸暨知县的何荫柟所记：“赴海天春吃大餐饭，粤人仿夷式而制此，亦尝所未尝。”晚清曾先后在工部、邮传部、大理院任职的孙宝瑄在《忘山庐日记》中自述吃西餐有七八次之多。清光绪二十一年（1895）上海的番菜馆有吉祥春、万家春、一品香、张园等多家。西餐馆还兼营游乐，正餐、便餐，都很红火。至20世纪初，上海先后出现的西菜馆计有一品春、一家春、一江春、万年春、品芳楼、惠尔康、岭南楼、醉和春等几十家，不绝如缕。

几家番馆掩朱扉

——异域情调

1909年，浙江嘉兴人朱文炳，初到上海，看到上海人吃西餐的情景，啧啧称奇，就写了一首竹枝词：“大菜先来一味汤，中间肴馔辨难详；补丁代饭休嫌少，吃过咖啡即散场。”（《海上竹枝词》）晚清还有一位浙江慈溪人辰桥到上海后，也写下一首吃西餐的竹枝词：“几家番馆掩朱扉，煨鸽牛排不厌肥；一客一盆凭大嚼，饱来随意饮高醂。”（《申江百咏》）这些竹枝词都很生动地介绍了上海人早先食用西餐的情形。

风气形成，必将导致各种名目的西餐馆接踵而至。为了适应纷至沓来的外国洋行职员就餐需要，外滩南京路、四川路、江西路、汉口路周围一带商圈大宾馆，如礼查饭店、华懋饭店等都开设了早期的西餐馆，后来陆续开设的有水上饭店、麦赛尔饭店、沙利文、东海饭店、德大饭店等西式餐厅，中央商场以西南京东路上的吉美厨房，是美国式的西餐馆。一进门就是个烤炉，铁板上烤着牛肉饼，佐以煎洋葱，一个小面包，就是一个地道的汉堡包了。由于是现烤现卖，香气

▲ 清末民初，上海的一家春西菜馆

扑鼻，十分诱人。

中午供应西菜和快餐的西餐厅，也是五花八门，情调各异。英国式的西餐馆英文名叫“巧格力店”，中文以老板的姓氏称呼，一般都叫“沙利文”，名气很大，曾经开出多家分店。除了英国式餐厅，还有德国式西餐也很有名。原本德大不是西餐馆，而是1887年德国人开的德大牛肉庄，在塘沽路177号，一楼专卖新鲜牛肉，之后才在二楼开设西餐部。1897年创建德大西菜社。1946年迁四川中路，今址在云南南路和南京西路。德大之名，就是德式大菜，以牛排厚实著称，即使是关照侍者要“well done”（即烧得烂一些的），一块牛排还是切得又厚又大。更有霞飞路（今淮海中路）上的一家家俄式西餐馆，上海市民俗称的“罗宋大菜”，到20世纪20年代末，已经发展到40多家分店，很是受到上海市场的追捧与青睐。

不同外侨开设的西餐馆，都不同程度地受到上海餐饮市场的检验后方才被接受，到二三十年代，上海西餐厅比较出名的有三家：一家是红房子，以法式菜为主；一家是天鹅阁，以意大利菜为主；还有一家是德大，以德式菜为主。当时红房子的法国菜，特点是原料新鲜，菜品精细，名气响亮，给老上海人留下深刻记忆。20年代，德国人塞茨在哈同花园旁创办来喜饭店，以德国猪蹄和德国酸泡菜“口味纯正”作为主打，给食客留下难以抹去的印象，张爱玲在小说《色·戒》结尾这样描写：“易先生脱险后，易太太的牌友们对他喊道：‘请客请客！请吃来喜饭店！’”著名新闻记者曹聚仁在《上海春秋》中也对来喜饭店有过点评：“德国饭店。啤酒很好，冻猪脚也不错。”1937年夏，流亡日本的郭沫若归国投身抗战，郁达夫曾在此为他设宴洗尘；1946年7月，爱国侨领司徒美堂抵沪，中共代表陆定一和马叙伦、黄炎培、郭沫若、沙千里、梁漱溟等民主人士也在此举

▲ 1917 年上海的一品香欧菜馆，时人曾有“番菜争推一品香”之说

▲ 晚清上海的华人厨师将西餐的制作技法引入传统中餐的制作中，图为以西餐形式举办寿宴的情景

▲ 由美国人开设在上海的金隆饭店大餐厅，内部装饰全部西欧式样，所有客房窗户面临跑马厅

办过欢迎茶会……可见这家德国餐馆曾经名流云集、群星荟萃。

上海还有一家西餐馆，基本上也是德式风味，老板却是中国人。1928年，由林庚民、邓宝山两位华商在静安寺路（今南京西路）与莫尔鸣路（今茂名路）交界处开了一家西餐馆，这就是今天上海人依然耳熟能详的凯司令西餐馆。因其主理厨艺的大师傅凌氏父子原先在德式餐厅学艺主理菜肴，一般人们也将凯司令视为德式西菜系列。

▲ 1937 年，民国外交官王正廷与外国人边吃西餐边交流

大菜先来一味汤

——大菜风气

晚清寓居上海的包天笑在《钏影楼回忆录》中记载，当时“从外地到上海来游玩的人，有两件事必须做到，那就是吃大菜和坐马车”。清末李宝嘉谴责小说《官场现形记》第五十三回也有这样的描写：“吃顿大菜，你晓得要几个钱？还要甚么香槟酒、皮酒去配他。”1909年嘉兴人朱文炳《上海竹枝词》写道：“大菜先来一味汤，中间肴馔辨难详。补丁代饭休嫌少，吃过咖啡即散场。”鲁迅《彷徨·离婚》也说：“酒席如果能塞得人发昏，送大菜又怎样？”这“大菜”显然指的是吃西菜。

民国期间火车动辄运行几天几夜，列车上乘客吃饭成为问题。民国火车设有餐车，食品则大都是西餐。1924年周作人坐火车从北京到济南，他写道：“火车里吃的是大菜。”“大菜”就是西餐。翻看民国铁路餐车，大都是西餐，如三文鱼、沙丁鱼、牛扒、猪排、咖喱鸡饭、番茄鸡丝饭等；酒水也是西式的，如威士忌、白兰地、啤酒、苏打水、柠檬汁等。张恨水的小说《沪平通车》里，主人公胡子云在火车上偶遇一位独行美女，对其大献殷勤，请人家到餐车吃饭。结果拿过菜单来，一个字都不认识，大煞风景。西餐制作相对方便，也比较卫生，因而成为早期铁路餐车的主流。只是1933年，铁道部以“价格过昂”“多属欧化”为由，中餐才开始越来越多地出现在火车的餐车里。

依据上海人的日常生活习惯，吃米饭佐以菜肴，不论荤素，菜肴统称“小菜”，所以北方人说的副食品市场，上海人今天还是叫“小

▲ 1909 年，东百老汇路（以外虹桥为界，以东称东大名路）太平路口西望，路口西南转角为维也纳咖啡馆

▲ 设在霞飞路 792 号的库兹明花园餐厅，又叫“花园饭店”，其业主库兹明是上海最早开设餐厅的俄商之一

▲ 20 世纪 40 年代，在沪的美国人阖家过感恩节吃火鸡的情景

菜场”，这“小菜”一则是相对酒席中后上的大碗的菜而言，如全鸡、全鸭、肘子等大菜。比起普通民众居家过日子的家常菜，吃酒席，显然是“大菜”，更多的老上海人将吃西餐谓之“吃大菜”，如“法国大菜”“俄式大菜”之类，吃西餐的长条大餐桌称为“大菜台子”，连西餐师傅也称为“大菜司务”，而中餐师傅就称“厨子”，打理西菜的大菜师傅的收入自然也远远要高于中餐厨师。

西方的菜肴，什么法式、德式、英式、俄式、意式等各国大厨纷纷粉墨登场，尽管这些西式菜肴无论从形式、内容到进餐的礼仪都与中国人的饮食习惯不同，但无论中西，其实各有千秋，它们能进入地处江南的上海及周边市场，说明这些来自异域的西方菜肴，确实对于中国人也具有特殊的吸引力。随着晚近社会交往面的扩大，官场借助西餐酒会进行交际，由官员士大夫和富商大贾带头，民间也争相效法，西餐馆很快在中国立足、生根。

西餐风气一开，便日盛一日，人们开始逐渐接受西式口味。“西餐热”在20世纪三四十年代盛况空前，加之西餐馆厅堂布置，一改传统中餐馆刻板的店堂格局，一般都是落地钢窗，柔和灯光，甚至空气里弥漫着浓郁的咖啡香气，留声机里播放着浅斟低吟的爵士乐作为背景音乐，招呼客人的侍者，穿着挺括的西装背心，连头发都精心打理……这种氛围很能够吸引普通的市民，使得一般年轻人总得想办法到西餐馆开开洋荤，学会使用桌上的刀叉切割牛排，有样学样吃完一顿西餐，吃西餐成为待客的新方式。

到20世纪二三十年代，上海南京路周围的那些叫着漂亮洋名字的西餐馆，诸如沙利文、德大、天鹅阁、起士林、康生、马尔斯、新利查、泰晤士……大都食客盈门，人头攒动，去晚了甚至连座位也订不到。在霞飞路（今淮海中路）一带开设的大大小小40余家俄式菜馆，它的“一菜一汤”（即罗宋汤、面包加黄油），因惠而不费，很快风靡上海滩。

海上风行请大餐

——海派西餐

1909年上海出版的《海上竹枝词》，记载了当时流行吃西餐的风尚：“海上风行请大餐，每人需要一洋宽。”西方饮食文化以前所未有的规模大量传入，中西饮食文化的交流和碰撞由此拉开帷幕，大大地拓宽了中国人的饮食文化视野，西餐作为一种高雅、新鲜的餐饮文化，开始迅速融入上海百姓的生活与饮食观念。到二三十年代，上海华人经营的西菜业，更是将西餐的发展推向高峰，凭借食客人数激增、口味层次提高的优势，逐渐以独立完整的欧美操作技艺和方式立足于江南饮食业，其中尤以法式西菜最受欢迎。西菜连同餐具、调味品、烹饪术等，差不多都已经为国人所接受，上海依靠江南传统文化的传承，融合了欧美西方餐饮方式，一种奇特的西餐就出现了，它就

▲ 20 世纪 30 年代，一对年轻的夫妇在西餐宴会开席前留影

是“海派西餐”。

西餐馆越开越多，西式六大菜系全面进驻，截至1937年，上海西餐馆就有200多家。当时比较出名的西餐馆，有老大昌、红房子西菜馆、文都利等，一些老牌西餐馆，像德大西菜社、凯司令西点房等，更是走俏。那些西餐馆的老板，无论是老外还是中国商人，尽管他们都不约而同地恪守着早期番菜馆的规矩，总是以口味的“正宗”作为标榜，实际上，他们也越来越竭尽全力地来迎合上海人的口味，尊重上海人的餐饮习俗，早已与外国人所谓“正宗”的西餐大相径庭了。

西餐也给了上海人更多的想象空间，一般普通市民家庭也开始琢磨，将西式餐饮与上海文化融合，西菜馆里刀叉等餐具是必备的，但也备有筷子，用筷子吃西餐，任君随意了。那些穿着白长衫的侍应生，在店堂里服务，一改“洋堂倌”的傲慢劲，他们的服务是传统堂倌热情和自来熟的延续。西菜馆里的菜品，或多或少，都会因地制宜，根据国人口味、应用本地食材来对西餐进行改造，从而受到顾客的欢迎。

以写上海风情而著称的已故女作家程乃珊曾经说过，在上海的法国人不知道“拿破仑蛋糕”，俄罗斯人没听说过“罗宋汤”，葡萄牙人不识“葡国鸡”……一点不必惊讶，这是上海人独创的海派西餐。

▲ 民国时期上海一天香西菜社

海派西餐的食材，一般以性状相近的本土食材来替代，但不会半生不熟；烹饪方式上以煎炸、焗烤、焖炖居多，香料、番茄酱、辣酱油等成品酱料运用自如，此外再起个洋里洋气的名字，一问世就颇受欢迎，像那个“金必都汤”，实乃奶油鱼翅汤。洋人一般是不吃鱼翅海参之类海产品的，但上海人情有独钟，西餐馆里的大菜司务就用西餐的做法烹饪，也不讲究什么法式英式德式，怎么好吃就怎么做，西餐中吃，真正的洋为中用，就如同上海人际交往中，和谐相处，就是一个“和”字。

其实，真正的西餐也许并不一定符合上海本地人的口味，20世纪初在上海出版的刊物《老上海》就记载了对西餐的“意见”：“真正欧美者……则合碧眼黄发儿咀嚼，吾人食之，不大对胃口，大约非生，即带腥膻。”正因为如此，上海人对“海派西餐”抱着一种特有的淡定、宽容和理解，反而使各种西餐流派在上海各得其所。

20世纪20年代由于大批白俄人士到了上海，为了生计，各种俄式西餐馆出现在霞飞路（今淮海中路）上。由于价格比较低廉，亭子间的作家和普通学生，

▲ 20世纪初，德侨开设在上海虹口百老汇路（今大名路）的德隆牛肉庄餐馆

▲ 华懋饭店八楼的豪华大餐厅，即如今和平饭店的龙凤厅，柱子上还有龙的图案

▲ 1908 年，上海礼查饭店的宴会厅明信片。图为早期的二层巴洛克式样老礼查饭店西餐厅

即便囊中羞涩也可以品尝。据说一份俄式西餐，包括炸猪排、色拉、罗宋汤，外加面包，一共只要一块两毛钱，惠而不费。普通工薪阶层也能尝试，坐在西餐馆里，吃一份西餐，品一杯香醇咖啡，听听爵士乐，何乐而不为呢，其风靡程度可见一斑。

西餐兼具东方味

——牛排猪排

海派西餐中，有几道菜可说是本土化与普及率最高的，已然与上海人的日常生活融为一体。这就是名闻遐迩的“老三样”：炸猪排、罗宋汤和拌色拉。上海开埠，西餐连同西方文化强势进入，一度成为“摩登时代”的高雅象征。上海人从来都有办法缩短与食物的距离，罗宋汤、炸猪排，最终被同化为上海人自己的口味。周永乐老先生在国外生活多年，见识过欧美餐饮的不同流派，但他最怀念的仍然是儿时的海派西餐。他写竹枝词咏叹道：“大菜猪排软又酥，浓汤罗宋色

▲ 1944 年，上海一对夫妻身着西装，准备出席西餐厅的聚会

如酥。西餐兼具东方味，上海滩头识旧厨。”

就说这个炸猪排，自从德大西菜社首创炸猪排后，迅速风靡上海，不但西餐馆，就连路边小吃店都有卖，还进入寻常人家，很多家庭都是将其作为家常菜来制作的。即便物资匮乏，没有了面包粉，依然挡不住上海人对炸猪排的奇思妙想，竟然想出了把苏打饼干碾碎成粉末来代替面包粉的办法，这样的炸猪排也别有风味。

德大西菜社根据上海人的口味对西餐也进行了改良。“炸猪排”的源头据说是来自奥地利菜里的经典“维也纳炸牛排”，也有说法是源自意大利的“米兰炸肉排”，更有一种说法是日本人带进来的，说是明治维新日本启用一些西式烹调技法，岛国之民熟悉油炸食物，于是出现了炸牛排、炸鸡排、炸猪排等。不过源自欧洲的说法应该更靠谱一些。德大西菜社的特色是德奥菜为主，他们运用“维也纳炸牛排”顺理成章，但当时上海食客还吃不惯牛排，德大西菜社就用猪排代替，也算因地制宜。显然猪排更对上海人的口味，裹上面包粉再油炸，也是上海人喜欢的口感，所以一经推出就立刻风靡沪上，再经过一些细节上的改进，逐渐形成了具有上海特色的海派炸猪排。

用猪排代替外国的牛排，用番茄酱代替俄罗斯的红豆菜，于是就有了俄罗斯人也不知道的罗宋汤。“罗宋”这一名称据说是来自Russian soup的中文音译，源自早年上海的洋泾浜英语，俄式罗宋汤里的红菜头，并不适合在江南气候条件下种植，且江南人也不习惯罗宋汤酸酸的味道，故而西餐社的大厨就对它进行改良，用卷心菜替

▲ 创建于 1897 年，上海滩闻名遐迩的德大西菜社在 20 世纪 30 年代的影像

代了红菜头，用番茄酱调制汤色，并且增加甜味，先将番茄酱用油炒制，以去掉酸味，再加入白砂糖，从而达到酸中带甜的效果。为了让罗宋汤更加浓郁鲜香，大厨熬罗宋汤时加的不是水，而是牛肉清汤，这样就不会太油腻，更适合中国人的肠胃。当然，俄式罗宋汤的特色配料酸黄瓜以及最后上菜前还要加一勺酸奶油（或者酸奶），也不符合上海人的口味，自然也就省略了。此外，在烹制、口味上也作了一些调整，最终改成了海派罗宋汤。上海普通人家也会以牛肉汤为汤底，并加入红肠、土豆片（马铃薯）等材料，做成一碗海派“罗宋汤”。

至于西菜中的色拉，系“Salad”的音译，又译作沙拉、沙律，色拉主要有水果色拉、蔬菜色拉和其他色拉。西餐当中，主要是作为头盘开胃凉菜来呈现的。海派西餐中就创制了用蛋黄调拌出的色拉酱，主要的食材有土豆、胡萝卜和鸡蛋，配料则是洋葱、香肠、色拉

▲ 20 世纪 30 年代拍摄的苏州河口两幢地标建筑：百老汇大厦和礼查饭店

▲ 20 世纪 40 年代，上海一户刘姓人家为老人举办寿礼，悬挂中式寿幛，来宾都围坐在西式长条桌前宴饮，堪称中西结合

油、青豆、盐等，经过改良的拌色拉，因为味道不错又经济实惠，很快就风靡起来。

西餐，作为一种外来新鲜的餐饮文化，开始迅速融入上海百姓的生活与饮食观念。其中难免有大都市里小市民赶时髦的浅尝辄止，但在那个民族危机四伏的年代，国人原先所有的在文化上故步自封的观念受到了挑战，采用西方的生活方式，按照西式礼仪进餐，也不失一种文明和进步的生活方式。

屠门大嚼又红蹄
——混合中西

民国徐珂曾在《清稗类钞》里讥讽道："今繁盛商埠皆有西餐之肆，然其烹饪之法，不中不西，徒为外人扩充食物原料之贩路也。"这位老先生大概不会想到，不中不西、亦中亦西恰恰是那个年代工商

▲ 晚清上海外滩 19 号汇中饭店的西餐厨房

大埠餐饮的一大特色。其实在老先生发出讥讽的当时，上海街头的一家西餐馆就打出了这样的菜单：

主食：馒头或米饭；

肴类：烤牛排、烤羊排、煮鱼、煮肉、烩羊肉、烘小鸟；

菜类：煎白萝卜、烩山芋、烘葱头、切细的卷心菜（一种沙拉）；

汤类：鸡羹；

饮料：茶。

这一份菜单可以说是用国人眼光改造的“西餐中吃”，也可以视为中国式西餐的餐饮奇观，而且不是个别的情形。经营西餐馆的既有洋人也有华人，主要菜式和食材品种有番茄汤、牛尾汤、鲍鱼鸡丝汤、冬菇白汁鱼、咸猪脚、咖喱羊肉、吉利羊肉、炝牛肉、火腿蛋、咖喱鸡、番茄鸡饭、火腿冬菇鸡饭、铁排鹌鹑、五香鸽子等。你说此种菜品是纯粹的西菜还是传统的中菜？恐怕只能算是混合中西元素的中西结合菜，可上海赫赫有名的西菜馆，如一品香、一家春番菜社、上海西菜社、大西洋西菜社、中央西菜社、东亚酒楼、印度咖喱饭店、晋隆西菜社、新利查番菜社、凯福饭店、荣康中西菜社等，都在烧制这种中西风味交融的

▲ 20 世纪 40 年代，江苏无锡一家小饭馆前，一群厨师围坐在桌旁清理虾米

▲ 民国时期出版的西餐烹饪书《造洋饭书》扉页

▲ 1940 年，中国教会厨房的厨师、厨工与修女

菜品，不仅洋人喜好，上海市民也趋之若鹜。

苏州老先生蛟叟，其实原籍是嘉兴人，他在吴江盛泽生活很久，他写的《盛泽食品竹枝词》云：“屠门大嚼又红蹄，市脯家肴费品题。老汁制成风味好，买来不让自家低。”他讲的红焖蹄髈的烹饪制法，“屠门大嚼”显然是道出了国人注重食物的味道与口感，并不会十分在意食物营养价值的搭配。西餐很注重对食物中蛋白质、维生素以及热量方面的吸收，反而对食物的味道不会有太多的在意。西餐中，菜是菜、肉是肉、调料是调料，都是区别开的，没有混合，所以每种食材都能保持原汁原味，这与中国传统烹饪方式显然不同。

从江南脱颖而出的上海，受到西方资本主义工业文明冲击，发生了异乎寻常的深刻变化，它改变了封建时代积淀的陈旧灰暗的容貌，焕发出了近代城市的新气象。逐渐地，当吃西餐的人越来越多，西餐馆的扩张，甚至致使中餐遭遇了危机，最终的结果就是各地的中餐馆纷纷开始改革，很多餐馆选择中西结合的方式改造中餐，中西互补，取长补短，不中不西的混合菜成了上海菜的招牌，客观地说，西餐也从一个侧面大大改良了中餐的很多理念，从而让中国人的餐桌变得更加丰富起来。

不供匕箸用刀叉

——进餐方式

中国人吃饭，一般吃饭夹菜喝汤用的是筷子和汤勺，盛饭用的是碗，但是在西方主要用的餐具却是刀叉，盛食物用的是盘子，而且西方人对餐具使用的方法，什么时候用刀子，什么时候用叉子，也有一种约定俗成的规制。筷子与刀叉，形式不同，材质不同，但都能解决吃饭问题，当东西方饮食文化交流碰撞在一起，这种情形就很热闹了。两种进餐方式的差异，互有利弊，犹如刀叉与筷子一样，都不能用自己的标准去否定对方。

▲ 民国时期，上海一次西餐聚会上，东道主特地邀请宾客品尝自制的西餐

▲ 民国初年，上海一家西餐馆的服务员正在擦拭餐具

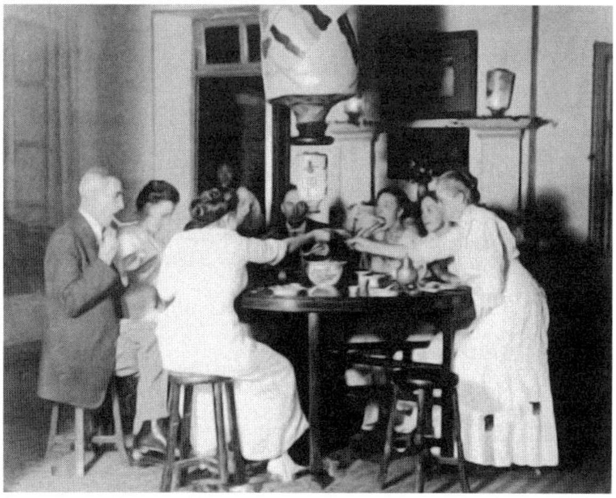

▲ 1913 年外国传教士来到江南，聚在一起用筷子吃饭

晚清人汪述祖用一首竹枝词，谈及他去西餐馆用餐的感受："不供匕箸用刀叉，世界创新到酒家。短窄衣衫呼崽子，咖啡一盏进新茶。"其实，西方人用餐刀，起源于欧洲古代游牧民族的生活习惯，随身带刀，将肉烧熟割下来就吃。后来走向定居生活后，面包直接用手掰，牛羊肉则用刀切割，用手或刀送进嘴里。据说，餐叉最早出现于11世纪的意大利塔斯卡地区，当时他们的宗教首领认为人类应该用手去取上帝赐予的食物，坚持不用餐具，因为用了餐具，就可能亵渎神灵。到12世纪，盎格鲁-撒克逊王国的贵族还不习惯用叉，坚持手抓肉，或用刀子将食品放到嘴里咀嚼。到15世纪前后，有人想到了进餐姿势的文明与美观，欧洲的贵族女人，开始改用两尖的叉子用餐，之后，叉才慢慢成为餐具，但用叉离不开用刀切割在前，所以两者必须合起来使用。直到17世纪末，英国上流社会开始使用三尖的叉，到18世纪才有了4个叉尖的叉子。所以西方人刀叉并用也只不过五六百年的历史。

而中国人用筷子进食，已经超过3 000多年的历史，《韩非子·喻老》说："昔者纣为象箸，而箕子怖。"意思是商纣王以象牙为箸，挥霍无度，大臣箕子为之恐惧。先秦时期称之为"梜"，汉代叫"箸"。到了明清时期，箸的称呼终于转变为"筷子"。明成化十一年（1475），陆容《菽园杂记》写道："民间俗讳，各处有之，而吴中为甚。如舟行讳'住'、讳'翻'，以'箸'为'快儿'，'幡

▲ 民国时期，大学生集体用餐采取西式“冷餐会”的方式，是时髦的举动

布’为‘抹布’……此皆俚俗可笑处，今士大夫亦有犯俗称‘快儿’者。”意思是说，江南地区的船家在开船过程中期盼尽快而安全地到达目的地，因而忌讳说“住”（停止）、“翻”等不祥用字，“箸”与“住”音同，故将“箸”称为“快儿”。此名迅即传开，以致士大夫也跟着叫起。“快儿”再加一竹字头，就成为“筷子”。

刀叉和筷子不仅表现出东方人进食习惯的差异，还促使东西方形成了不同的烹调方式。用刀叉进餐对餐料的要求是整块，在食用现场切成适合进嘴的小块。所以在西餐中吃“主餐”往往只能选一道菜，比如牛肉、羊肉、鸡肉或鱼肉等，做好都必须是大块的，其最后切割是在餐盘里。而用筷子则难于夹取大块肉菜，必须在事先把它们切细切薄，于是著名的大厨“刀功”应运而生；既然肉菜等餐料都已经被切细，就可以用不同的方式来混合烹制，于是就形成了煎、炒、烹、炸等多种烹饪方式。所以中餐不是一顿只能吃一道菜，而是可以用筷子自由夹取多道菜肴。可以说，是筷子创造了中餐技艺，进而创造了中餐文化。

第四章

食品加工向工业化迈进

江南是稻米的故乡。中华民族栽植稻米历史久远，已有7 000多年了。20世纪70年代，在浙江的河姆渡新石器时代遗址发现的稻谷，就被证明是7 000年前的产物。此后，在上海和苏州等地也陆续发现人类栽种稻谷的古遗迹。

殷商时期，中国人栽种水稻已达到一定的水平。西汉司马迁在《史记·货殖列传》中对吴越之地“饭稻羹鱼”的概括是很精准的。隋炀帝时，动用大量人力、物力开凿通济渠，连接河、淮、江三大水系，形成沟通南北的新的漕运通道，奠定了后世大运河的基础。唐代，扬州和益州（今成都）并有“扬一益二”之称。它们身后的江南和巴蜀，都是举足轻重的稻米粮仓。靖康之役，北宋灭亡，让中国经济重心彻底转移到南方。这也意味着长江流域成为中国最重要的“粮仓”。京杭大运河如同一条流淌不息的大动脉，疏通了南粮北调所需的通道，大运河沿岸漕运仓储制度的建立和健全具备了历史必然性。

米行与堆栈相互依存、共同发展。1843年以后，随着上海的开埠，人口逐年增加，粮食需求激增。近代漕运渐弱，海运强势崛起，上海码头又成为闽、广等南方各地的粮食转运站。大批米粮的采购，集中到苏州、无锡等地进行交易，形成米市，或由上海米行转运。1910年无锡有米行80家、粮食堆栈37家、铁机米厂3家、面粉厂1 家。米业的兴盛，促进了百业兴旺。

1912年民国成立，粮食加工工业兴起，京沪、沪杭、津浦、陇海铁路衔接通车，有利北方及邻省的小麦、大豆大量南运。加上第一次世界大战期间，中国大米、面粉大量出口，以面粉厂为主的粮食加工业迅速发展，江南的米市，在全国四大米市中独占鳌头。全国闻名的恒德油厂，被誉为关内第一大油厂，碾米工业被称为全国五大碾米中心之一，堆栈有近300万石储存容量。江南地区粮食商业的资本，有的继续投向粮食业，有的则投向纺织业。

历史经济学家李伯重在《江南的早期工业化（1550—1850年）》一书中认为，明后期到清前期江南出现的是早期工业化，与洋务运动中的早期工业化有一定区别。他认为，1850年以前的三个世纪中，江南工业的发展，使得工业在江南经济中所占的比重日益提高。到了19世纪初，在江南大部分地区，工业的地位已与农业不相上下，在经济发达的江南东部，甚至可能已经超过农业。

▲ 1929 年，上海轮船甲板上一群人聚在一起吃饭的情景

香粳熟后话丰年

——神农祭祀

“家中有粮，遇事不慌”，粮食是中国人安身立命的命脉所系，所以，饭碗要端在中国人自己手中。至今江南各地仍然有许多主祀神农氏的庙宇，那尊神像的最大特征，就是右手握着一把稻穗。稻米既可以是一碗普通平凡的白米饭，也可以是风情万种的糕点、餐点的原料，同小麦一样，透过人们的聪慧好似拥有变魔术的本领，将稻米变出了清香，变出了佳肴，也变出了属于中国的好滋味。

江南地区自古以来就是一个稻作区，这里气候温湿，水域广袤，较有利于水稻的栽种和生长。1961年上海考古学者第一次发掘青浦崧泽遗址时，发现马家浜文化时期的炭化稻谷，并且经有关农业考古机构鉴定为籼、粳两个不同品种，是人工培植的稻谷。这6 000年前出土的一把稻谷，被称为“上海第一稻”，这是从考古学的视角来证实江南稻米的久远存在。如果换一个视角，从民俗学角度来考察，江南每年春秋两季都要“做社”，就是祭祀最早发明、制造农具和教农民耕作的神农氏，祭祀护佑一方人畜平安的土地神。各地的春社仪式上酬神演戏，唱社书、演社戏，祈求风调雨顺、粮食丰收，春社仪式的供桌上一般都离不开一碗盛得满尖尖的“米饭”。这个细节，其实是向世人传递着一种江南稻米情结的原始信息。

明清时期，太湖流域出产的香粳稻最负盛名。《江南通志·卷七》记载：“一种曰香子，色斑粒小，杂他米煮之，芬郁可爱。亦名香稻。”《阅世编》中亦记载：“一种曰香粳……味香尤美，较盛于穿珠稻。”江南各地的糯稻，有金钗糯、赶陈糯、小娘糯、矮儿糯、芦黄糯、洋须糯、乌须糯、羊脂糯等诸多名色。清朱彝尊《棹歌·父老禾兴旧馆前》写道：“父老禾兴旧馆前，香粳熟后话丰年。楼头沽酒楼外泊，半是江淮贩米船”，描绘了苏南浙北平原土地上农业大丰收的景象。

稻米同小麦一样，有“十项全能”的特点，可做主食，可烹菜肴，例如糯米排骨，也可用于制作点心、小吃，粒食、粉食皆相宜。此外，稻米经过舂、磨等工序，改变其本身的形貌，可制作成南方人最爱吃的米粉、米线、年糕、汤圆、米粿等，可充当主食。而稻米经

▲ 1917年，杭州一男子在饭摊吃米饭

▲ 这是晚清江南某米号做的米业广告，中年男子吃着米饭开心不已

▲ 1941 年，江南民众饭桌上粗茶淡饭三餐生活场景，一家人围坐进餐，其乐融融

过发酵，又会呈现出别样的风味，比如酒酿，古称“醪糟”。长期的稻作生产方式和米食饮食习惯，也使江南地区民众在心理上自然而然地产生一种对于稻米的崇尚感。远古之民，多食禽兽之肉，亦多饥馑。神农氏尝百草，制耒耜，播五谷，先民是以少饥馑，多果腹，神农氏是江南最早的勇敢而聪慧的农夫，他不惧秽草毒花，帮人们辨良莠，别稻稗。他手里持握着稻穗，对着身后的莽莽草泽深思，更仿佛是一种象征，象征着人类文明史诗的开端，因为只有手里持着稻穗，江南民众才能生生不息。

米业公所嘉谷堂
——江南米市

中国古代的粮食物流主要依赖漕运，所谓“漕运”，就是利用水道（河道和海道），进行三方面的专业运输：粮食贸易、盐业贸易以及综合性商贸活动，漕运史上有漕船附货政策，进一步促进了运河商

▲ 20 世纪 30 年代，江南某街市光华“联记”粮食面粉店的招牌及其街景

▲ 1917 年，南京河边进行粮食买卖的商贩，两名男子正将小米从麻袋倒入容器称量

▲ 1935 年，南京街头的一家米店，售卖米和面粉

贸和商人聚集活动，在自古以舟楫为重要交通工具的江南地区，临河聚货，夹桥为市，大大加速了货物、人群的聚集，从而使沿河聚落得以形成，它孕育了江南米市，也孕育了沿河的古镇。

稻米贸易是明清江南最主要的贸易之一，米市也因此而遍布江南城乡。清代前中期江南的大城市及其近郊，米市最为集中，清郑光祖《醒世一斑录》杂述六曰："苏州府城的娄、齐、阊、葑四门，杭州艮山门外的湖州市、米桥市、黑桥，南京的聚宝门、通济门、上新河，都是米行、米铺集中之地。其他中小城市也都有米市。其中有些还具有相当规模。"此外，在数量日增、欣欣向荣的江南市镇上，米市的发展更引人注目。清代像枫桥、浒墅、月城、平望、黎里、信（真）义、归锦桥市、周家浦市、河桥、闸塘湾、乍浦、周浦等市镇，都成为了著名的稻米贸易市镇。其他的名镇如濮院、双林、乌青、南浔、盛泽、长安、新市、南翔、同里、章练塘、塘栖、皂林、王店、黄埭等，也都有兴旺的米市。其中枫桥镇更是发展成江南最大的米市，清《雍正朱批谕旨》记载雍正四年（1726）七月十八日闽浙总督高其倬奏：其时已是"大多湖广之米辏集于苏郡之枫桥，而枫桥之米间由上海、乍浦以往福建"。长安镇在清代中期也以"储粮之要地，通运之总枢"著称，同治《修川小志》卷首序称："江南、川楚之米无不毕集"。平

▲ 20 世纪 40 年代，上海同孚米号

望镇的米市在明代基础上又有发展，镇上生业“以米业为大宗”，转贩湖广、江西籼米，道光《平望续志》卷十二“风俗”记：“米商所集，人争趋之，廛市几无隙地”，有“小枫桥”“小长安”之称。因此在清代江南的多数城市和市镇上，都有相当规模的米市。

清秦荣光《上海县竹枝词》曰：“自田植木棉多，而邑民食米，常仰于苏常及长江上游等处。然一旦来源或断，是诚大可忧危之事也。”说明上海大部分土地用于植棉，米的产量很低，无法保证市场供给，需依靠各地粮食进入上海，供大于求，使上海的粮价经常偏低。行商为了自己的利益，一种方法是转运他地，另一种则是囤积牟利。这就发生上海与外埠米价的利差，使上海的白米大量外流，也会因此导致米荒不断出现。

1843年，上海开埠后城市人口迅速增长，粮食的消耗量也增加了。1853年，太平军攻占南京，改南京为“天京”，1860年，太平天国小朝廷为了减轻和摆脱清军对南京围困的压力，派忠王李秀成率兵突围东进。苏南浙北的局势发生了很大的变化，估计有30万以上的苏南浙北难民进入上海避难，直到太平天国被镇压后，部分人才离沪返乡，但仍有20万以上的人居留上海。粮食供应问题突出了，上海的米店数量不断增加，于是，清同治六年（1867），以米业商为主的米行业仁谷堂就改组为以米店业为主的“米业公所嘉谷堂”。

1912 年民国成立，漕粮停办，江南传统米市一度衰落，年成交量减少1/5。米业公所嘉谷堂为保证上海粮米供应，在稳定米价方面起了积极的作用。到了19世纪末，上海登记在册的城市人口已逾百万，而且还以每年增长约十万的速度递增。原江南米市运输能力有限，于是，上海开始从东南亚的泰国、越南等国进口大米，这种米称为“暹罗米”“西贡米”。米价得到平抑，粮食供应也趋于平衡，“米业公所嘉谷堂”善莫大焉。

为作储存日夜忙
——丰备粮仓

每年正月二十五江南有“填仓节”，有的地方是农历二月二，所谓“填仓”，是祈愿新一年风调雨顺，五谷丰登。对于地区和国家而言，只有囤足粮食，人民才能丰衣足食。作为鱼米之乡的江南，自古以来，就流传着“苏湖熟，天下足”的俗谚。太湖流域是全国屈指可数的天下粮仓之一。很多地名都跟粮食有着直接关系，比如江苏的太仓，其本义就是帝王的粮仓，春秋战国时期吴王在今太仓位置设仓囤粮，故得名“太仓”。

苏州平江路与平江河平行，位于大运河苏州古城东段的西侧，是古代粮食的仓储中心。苏州如今还有一个有名的“丰备义仓”，位于平江河北端石家角，北临古城第一横河，东枕平江河，是苏州古代官府粮仓遗存到如今的实例。17—19世纪中叶，平江河两侧为古代重要的漕运仓储的集中区，丰备义仓为旧时仓储遗址。1835年，江苏巡抚林则徐改为官府义仓，用以积谷备荒。1864年，冯桂芬、潘遵祁又增建、扩建了这个粮仓。

历代的漕运，皆依托绵密的水运网络，将稻米粮食转运到苏州城内粮仓储存，而后由苏州发运北上。明清时期，由于城市工商业的发

▲ 民国时期的江南粮仓

展，苏州是国家漕粮的重要征集地和起运地，巡抚周忱和知府况钟，为加强对漕粮的管理，把原本分散在各县农村的粮仓，分别移建到苏州城内娄门和阊门一带。这些粮仓不仅靠近城门，而且粮仓前后都开有门，每个门都临水。苏州城内的河道可通漕船，这就为漕粮的收集、存储和运输提供了便利。

杭州的富义仓天下闻名，处于大运河畔的湖墅地区，作为漕粮汇转之地，始于南朝；而这里有文献记载的粮仓历史则更为久长。清光绪六年（1880），浙江巡抚谭钟麟因看到杭州粮食告急的现实危险，遂令杭城士绅购粮储粮，因原有两个粮仓容量有限，遂下令再建仓廒。历时四年粮仓建成，共耗白银一万一千两。仓房共四排，可储存谷物四五万石。

古代没有高速公路，没有火车铁路，运送粮草主要靠漕运，漕运就得在临近江河的地方建立粮仓，各地小粮仓将征收的漕粮，通过小船运输、接驳到大仓，其中又以江苏太仓的粮仓为最大。元代上海置县后，在吴淞江及其各浦沿岸，曾经建有多处粮仓，《同治上海县志》卷二《建置·仓庾》曰："水次仓者，明宣德八年，巡抚侍郎周忱奏建。一曰西水次仓，在唐行镇，今隶青浦；一曰南水次仓，在县东南浦滨小南

▲ 20 世纪 30 年代，浙江温州永嘉县粮仓土地税改征实物经收处情景

▲ 20 世纪 30 年代，江南农民自建的防雨粮仓

▲ 米店卖米不用秤，就用斗，有的黑心米店业主大斗进，小斗出，牟取高额利润

门外，以便军民兑运。明嘉靖二十九年（1550），知县喻显科将兑军减省赠米增造仓房十二所，内有府、县公所各一所，土地祠一所。”

清秦荣光《上海县竹枝词·渡桥》曰：“浦阔无梁阻旅行，沿滩渡口有船横。民捐官设都称义，普济东西往返程。”作者自注曰：“沿浦各渡，西自语儿泾起，历韩仓、沙冈、彭家、巨漕、横泾，折北有邹家、吴冲泾、车沟、关前、王家、乌泥泾、张家塘、龙华，转东有草庵、周家、高昌、南仓、北仓、永济、张家浜、老白、杨家、关桥等，共二十五处。”韩仓赫然列在首位，这个如今依傍在黄浦江边的“韩仓村”，就是当年的一个粮食仓储基地。

清末民初山东潍县人裴星川作《春节即事百咏》的竹枝词，其中写道：“蒸鸡蒸肉蒸干粮，为作储存日夜忙。贫富皆应取吉利，千门万户枣糕香”，又云：“两季完粮官不怕，年终无债一身轻。而今始悟人生乐，莫若年丰又太平”，这两首竹枝词从不同角度说明了“仓盈斗满”对于民众过年的重要性以及人们对粮食储备充足、生活安定的期盼。

舂米碓杵运成风

——牵砻碾米

工业文明来临之前，江南吴地农民每年冬至后的第三个戊日，有“冬舂米”的习俗，吴地谚云：“冬米坚，腊水清，冬日舂米正当时。”而且苏州地区还一直流传着这样的歌谣：“一年辛苦到腊中，舂米碓杵运成风。筛簸分藏三日毕，除夕香满饭盎馨。”这一天民间还称之为“腊米工日”。

现在的人对“牵砻”这个词都有点陌生了，它与环太湖地区稻米生产有关，到了收获的季节，稻米处理其实是很费周折的，传统的方

▲ 晚清农家两个小脚老太太碾米的情形

▲ 这是一家米铺，江苏淮安米店内堆满了粮食

法有斫稻、用稻、做米的环节。斫稻，即收割稻谷；用稻，农人也叫“掼稻”，就是以稻桶掼稻，为稻谷脱粒；做米，即稻米加工，其过程被称为“牵砻”。“砻”是一种碾谷的工具，类似北方的“石磨”，区别在于“石磨”是石头制作的，而“砻”一般是木质或竹制，“牵砻”“推砻”，就是使砻飞转着碾谷。

战国末期的《荀子·性恶》说：“钝金必将待砻厉然后利。”

后世的诸多学者，都用过这个字，例如《汉书·枚乘传》有“磨砻底厉”，三国时期曹植《宝刀铭》有“造兹宝刀，既砻既砺。”明宋应星《天工开物》注曰：“凡稻去壳用砻。”可见“砻”在中国古代稻米生产中有长久的历史，其功用就是脱去稻壳的农具。明邝璠所撰《便民图纂》中的《牵砻竹枝词》也描写了农民在打稻场上齐声唱歌的场景：“大小人家尽有收，盘工做米弗停留。山歌唱起齐声和，快活方知在后头。”

▲ 1900 年，杭州农民正在牵砻脱粒

“砻”用油松根部的木料拼制而成，乡村里一般由青壮劳力在农家谷场前架起挂夯行木，设置一块柚木做的横梁，梁的两头用绳索系住。木砻外形有点像石磨，是用硬树制成的圆盘，分成上下爿，下爿固定在木质砻床，外面用竹篾打箍紧固，上爿套在固定于底座中心的铁芯上，可以在人力的牵引下，做圆周运动，形成打磨功效。牵砻人一般是身板结实的青壮年，他要一手牵砻，使上爿飞转，一手用勺子在谷箩中舀起稻谷往上爿的圆空中撒去，连续不断，碾碎的谷壳叫“砻糠”，旧时书场、茶店的老虎灶，就有烧砻糠的。上下爿之间产生一定的间隙，绳索用筷子绞紧，可以以紧松来调节二扇砻之间的间隙距离，粗谷与细谷则随着可以调节的间隙，完成谷粒粗细不一的脱壳，又不致使得米碎。“砻”，凝聚着千百年来乡村农民的民间智慧，简单而实用。农人“牵砻”碾谷的方法很神奇，颗粒饱满的，落在前斗，属于壮谷与米，瘪谷呢，自然就落在后斗，唯有砻糠飞到外面。这样等于将稻谷分成糙米、未碾破的谷及砻糠三种。接下来要将砻糠剔除，就需要使用风箱，借助风力扇出砻糠。再用竹筛筛分，使米谷分离，这时候碾出的米还是“糙米”，而后再进行深度加工。别看一碗米

▲ 米铺和粮店是江南地区常见的粮食零售场所

▲ 民国时期上海的洋米堆栈

饭，生产环节之多，真是“粒粒皆辛苦”。

从民国时期起，碾米厂、制米厂出现了，稻谷碾成白米逐渐由机器操作。据《嘉兴市文史资料通讯49期》记载，光是在嘉兴，“从民国十四年（1925）开始，嘉兴先后有‘义茂鑫’‘广丰’‘泰轮’‘振新’等八家碾米厂开办，产米之区，营业蒸蒸日上”，可见在江南农业中工业文明的步伐已经开启。1916年由南通商业巨子张謇等人发起，在唐闸北市（今北川桥）创办大达公电机碾米公司。机器设备有德国造的碾米机6部、砻谷机8部，用14匹马力的马达带动，每日出米300石，效率大大提高。1920年，在唐闸中市开设顾明记碾坊，设备为两头骡子、一个石碾。采购糯稻，专碾酒米出售给糟坊。后陆续购置16匹马力引擎、32匹马力柴油机，增加生产能力，日产米300多石。1930年改名恒益明碾米榨油厂。到1938年3月南通沦陷前夕，唐闸的机米厂（坊）有大达公、恒益明、恒益公等12家。南通沦陷后，除大达公、恒益公等机米厂由职工出面经营外，多数企业停业或闭歇。抗日战争胜利后，有鼎生和、德恒昌、裕和等机米（油）厂继续开设，直至进入新的时代。

▲ 1898 年，直隶候补道、安徽寿州人孙多森和叔父等人，集资 30 万两白银在上海苏州河畔创办阜丰面粉厂，于 1900 年正式投产，是中国最早的机器面粉厂

香闻炒麦磨成粉

——面粉加工

明清时期，对麦的食用方式一般有两种，一是粉食，一是粒食（即用麦粒煮粥或蒸麦饭）。何良俊《四友斋丛说》卷十四《史十》说明嘉靖年间松江东部的农家，“至夏中只吃粗麦粥”。姜皋《浦泖农咨》也说清道光时松江西部的农村：“青黄不接，无米可炊者，麦粥麦饭，终胜草根树皮。”清代松江东部地区的人民因食麦最多，因此被其他一些地区的人民戏称为“东乡麦子”。可见麦在江南也是城乡居民的重要食物之一。

由于城镇居民面粉消费的增长，磨面业也在发展。1903年，秦荣光《上海县竹枝词》吟道：“新麦登场煮饼宜，蒸糈饭甑最充饥。香闻炒麦磨成粉，欲吃还求风静时。”其门生胡祖德1911年为老师作品加了按语：“麦熟时，乡人多将小麦制饼，圆麦磨粞蒸饭，大麦炒熟磨粉拌糖食之，名麦末末。”俗语：“求得风静吃麦末。”麦粉即今之面粉，粞即粉，有圆麦粉、玉米粉等。

据李伯重《江南农业发展》一文的估计，在19世纪中期（1850年以前），江南每年输入麦达到300万石左右。据顾禄《桐桥倚棹录》，在麦面消费最集中的苏州府城内外，磨面业也呈现出欣欣向荣之势。城内从事面粉业的常州、无锡商人于清乾隆二十三年（1758）建立了面业公所，而城郊的虎丘也成立了磨坊公所。因为磨面主要使用畜力拉磨，所以虎丘还建立了马牛王庙。此外，湖州的双林、南浔等市镇也是磨面业发达之地。

▲ 民国时期荣氏家族创办的福新面粉厂系列，图为福新面粉一厂

▲ 阜丰面粉厂栈房

▲ 福新二厂厂房

▲ 福新三厂麸皮打包机

清道光二十年（1840）鸦片战争后，洋面粉大量倾销我国江南市场，继而外商办厂，以近代机器制粉优于落后的磨坊生产，引起国人的注意。清政府在“抵制洋货，发展工商”的呼声下，被迫从官办改为奖励商办。这种态势也刺激了以实业兴国、护国、荣国为主张的民族资本的崛起，于是，1900年前后，在上海出现了第一家中国面粉厂，1912年，在沪经营的实业家、安徽寿州人孙多森、孙多鑫兄弟在上海筹建阜丰面粉厂，这是中国民族资本创办的第一家近代机器面粉厂，清光绪二十四年（1898）创办，两年后开业。初办时，日产面粉2 500包，但民族资本在市场上还是遭到外商面粉厂的挤压和打击，处境艰难。

1902年，无锡实业家荣宗敬、荣德生兄弟在家乡无锡创办了保兴面粉厂。1912年底，荣氏兄弟决定在全国工商业中心上海组建上海福新面粉厂，是为近代中国最大的私营机器面粉厂。荣氏兄弟投入巨款，引进当时世界上最先进的美国制粉机器，厂址就选在苏州河畔，既利用苏州河航运水道连通，也与苏州河畔遍布的米行合作。为了明确自己的信念，他们以一艘乘风破浪、一往无前的铁甲舰船——作为自己的产品商标图样，并为该商标取名“兵船”牌面粉，质量优于市场上其他面粉品牌。第一次世界大战爆发后，西方列强无暇东顾，食品粮食短缺。国际市场对面粉的需求骤增，“兵船”面粉供不应求。荣氏兄弟抓住这个机遇，再度扩张，或租或买，通过租用其他小面粉厂的厂房，或者是购买地皮建厂扩大生产规模。到1921年，福新系的面粉已扩张到8家，其中除了福新五厂在汉口外，其他工厂都设在上海，沿苏州河分布。至此，荣氏兄弟被冠以中国“面粉大王”的称号。

“阜丰”与“福新”是上海面粉工业中的两个星座，他们在民国时期艰难扶持，最终迎来1949年新中国的诞生。

黄酒坊殊老酒坊
——酿酒进步

独具光彩的酒文化在中国传统饮食中占有特殊重要的地位。曲的最早发现和使用，曾是我们祖先对世界酿酒发展史最宝贵的贡献之一。直到鸦片战争前夜，中国制酒工业的发达、技术的先进和酒型的丰富，在国际上都居于领先的地位。清杨燮在《豆腐诗》中比较江南酒坊与北方酒坊的区别，他写道：“北人馆异南人馆，黄酒坊殊老酒坊。仿绍不真真绍有，芙蓉豆腐是名汤。”

“黄酒坊殊老酒坊”反映了近世酒俗的变化和酒业的进步，民国时期北方盛行烧酒，即今谓之“白酒”，而江南则盛行黄酒。明代著名医药学家李时珍《本草纲目》记载“烧酒，非古法也，自元时始创其法”，中国烧酒的酿酒史应该是从元朝开始的，宋代及宋代之前的中国人，喝的应该是温柔细腻度数低的黄酒，而不是酒精度很高的白酒。

1932年上海中华书局版《华阴县续志》分析了当时酒类的不同类型：“黄酒之名，其类最多，各省异制，而烧酒则合南北如一辙。但南人之性喜饮黄酒者多，而北人之性喜饮烧酒者十之七八，非特其风土然也。南方之黄酒，以稻为之，家家可酿，而烧酒则沽之酒肆。北方之黄酒，以谷为之，烧酒以杂粮为之，二者皆取资于酒肆。”

古代中国人的饮酒，大抵是黄酒，关羽温酒斩华雄，曹操煮酒论英雄，都是黄酒“温饮”饮法的体现，流传至今。黄酒之所以能够在江南地区得以存续，并得到进一步发展，与江南地区的社会经济基础有关。从公元311年至1279年，这将近一千年的时间，中原动荡，战乱频仍，经济文化受到严重破坏；而江南地区由于北方精英阶层和人群的涌入，取代中原成为了新的经济文化中心。且稻米成为酿制黄酒的重要物质基础，农人家家可酿米酒，以糯米、酒曲、清水酿成。直到今天，上海人将喝酒叫“吃老酒”“吃小老酒”之说，虽然一般人嘴里的“老酒”，大都已经说的是白酒（烧酒），但传统上真正的“老酒”，指的应该是黄酒。

▲ 20 世纪 30 年代，酿酒师傅为传统“女儿红”封坛的情景

从晚清到民国，中国人的酿酒与制酒业经受了剧烈的变化。首先表现在传统的酿造酒和蒸馏酒对中国传统黄酒市场的猛烈冲击。大量西方葡萄酒和啤酒开始进入我国市场，在中国的通商口岸和开放城市建立酿酒公司，结果却是更多的合乎国人口味的各式华营配制酒的纷纷出现，其中尤以露酒、药酒等为大宗，适应了人们更讲求醇和美味兼具补体强身功用，而不再以豪饮烈性为主的新的饮酒需求。

▲ 1941 年，苏州人冬至酿酒的坛装容器

其次是啤酒消费的逐渐扩大，成为国人对西方酒文化之一种比较完整意义上的接受。中国字典中本无“啤”字，啤字系根据英、德、法文的头两个字母bi或be的发音作新创造， 所以在一个时期内，很多人把“啤酒”称为“卑酒”。最初，啤酒完全依靠进口，到20世纪初，开始有一些外资经营的啤酒厂陆续在哈尔滨、青岛等地出现。往后，在北京、烟台、广州等地，华营啤酒厂也先后投产，数十年内，啤酒饮用在沿海大中城市渐趋畅销。到新中国成立前夕，我国啤酒的年消费量已达7 000吨之巨。

▲ 20 世纪 40 年代，南京一家酒坊的伙计正在整理酒坛子

在国内外新式酿酒工业的刺激下，我国传统烧酒业也开始出现了规模较大的酿酒企业，江南的酿酒业长足进步。1929年出版的《烟酒税史》云：（苏北烧酒）“沿内河抵浙皖，或沿江至皖赣鄂等省销售者巨，统名苏烧。”1935年出版的《高粱酒》中亦云：“江北之徐沛洋河，出售外省者尤巨。”30年代上海的昆仑酿酒公司、中国酿酒公司都有中国传统代表性的烧酒类产品。放眼全国，在近代生产和

生活条件改善的刺激下，烧酒业同样显示出迅速发展的态势，且因原料、水质、曲种、蒸馏、贮存、勾兑等情况不同，风格各异的品型大致都在这一历史时期内完全形成，如酱香型的代表茅台酒、浓香型的代表泸州老窖和清香型的代表汾酒等，都在民国初年的巴拿马万国博览会上荣获金质奖章，从而奠定了国际名牌的声誉地位，亦是中华传统酒文化异彩盛放的展示。

▲ 1871 年，英国人约翰逊拍下的用托盘端洋酒的“店小二”

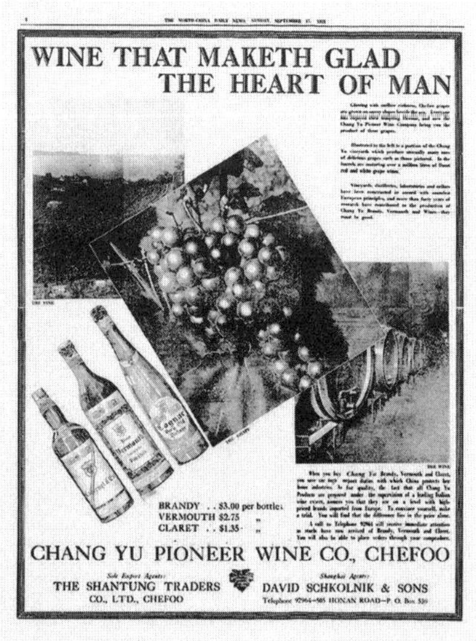

▲ 晚清上海《字林西报》的张裕葡萄酒同期海报

▲ 20 世纪 40 年代，在上海的外国人开设的帝国酒吧陈设

▲ 江南乡村传统榨油坊的主要构件——榨槽

春风一度满村香
——榨油行业

“早起开门七件事，柴米油盐酱醋茶”，在民众传统饮食结构中，烹饪用油不可或缺，最主要的食用油之一就是豆油、菜籽油等，明宋应星《天工开物》写道：“凡油供馔食用者，胡麻、莱菔子、黄豆、菘菜子为上，苏麻、芸薹子次之，茶子次之，苋菜子次之，大麻仁为下”，明陈继儒《致富奇书》曰：“今江南用麻饼、豆饼压田，则多收。夫麻、豆既取其油，以其渣滓尚能美田，况全用其力乎？”可见明清时期江南地区的榨油业与国计民生，联系很是密切。

榨制大豆、芝麻的油坊遍及江南城乡各地。有首描写乡村油坊的竹枝词《榨油》：“攒行辗转到油坊，背负花生苦乐尝。眼见红衣成缕落，春风一度满村香”，很有乡村生活气息。在江南古镇，“百业辐辏，户口繁盛，街巷纵横，桥梁相望”，沿街鳞次栉比的米行、木行、竹行、油坊、蛋坊、地货行、豆腐店、小饭店、小茶馆、打铁

▲ 上海苏州河边的大有机器榨油厂，是中国最早机器榨油的工厂。图为 20 世纪 30 年代已经改名“大有余”榨油厂的工人们正在作业

铺、竹篮藤器坊、船码头等，总是有不下百余家之多。

油坊与民众生活联系紧密，各个古镇上的油坊分为“乡作车”油坊和“常作车”油坊两种，前者是季节性生产的油坊，一般实际开工日在40多天；而位于城镇的“常作车”油坊则是常年生产。“乡作车”油坊以附近农村出产的油菜籽为主要原料，榨出来的油也主要供农村居民食用；而“常作车”油坊则更多地依靠外地输入的大豆作为原料，不仅是为获得食油，也是为了获得豆饼，可知清代豆饼生产的一大功用就是解决肥料匮乏的唯一手段。此外，还有诸如棉籽榨油，主要是用作照明、油漆等原料。

不论是“乡作车”还是“常作车”，传统油坊一般都是传统的木榨工艺榨油，效率不是很高。《上海通志》第九卷记载，清乾隆年间，南汇县鹤沙地区（今下沙镇）用“莫斯背”、杨家油车加工食油。清同治九年（1870），祝桥傅源丰油坊开设。清光绪六年（1880），同丰油坊开设，占地10亩，雇工30多人。1891年，青浦、崇明、松江等县相继开设油坊，均用木榨工艺加工。到1892年，英国美查兄弟公司开设上海榨油厂，加工棉籽油。1896年，盛宣怀创办第一家中资机器榨油厂——大德榨油厂，加工棉油、棉饼。1902年，大有、立德油厂开设，加工棉油、菜油，始用水压榨机。

▲ 上海大有余机器榨油股份有限公司发行的股票

▲ 1934 年，江南一家传统香油坊，一名工人在将油酱调和稀释适度后，用大葫芦慢慢扽压之，香油乃渐出

自民国起，榨油业步入工业化的轨道。1936年，有机器榨油厂10多家、油坊40多家，还有30多家碾米厂兼营榨油。机器榨油厂普遍使用水压压榨工艺，大德新油厂从美国引进安迪生螺旋自动榨油机。全民族抗日战争爆发后，油厂或迁内地，或被日军占有，或停业。抗战胜利后，立德、和丰、大昌新、生和隆、恒兴泰、穗丰、长德、同昌等油厂，一时无力复业而出租或歇业。1946年，中国植物油料厂和四川榨油有限公司从重庆迁

至上海，大有余、大德新、大生等6家榨油厂复业。1949年起，新厂和旧厂先后改组的有大统、为民、大昌祥等厂。1949年5月，上海全市有15家私营榨油厂。

值得一提的是，1937年日寇发动全面侵华战争，对于上海榨油工业来说是一个致命打击，大有余榨油厂幸好因未被敌机轰炸到而得以保全。上海沦陷为孤岛后，各地居民纷纷涌入租界，于是油类等日用生活品需求激增，各大榨油厂皆不能正常开工，大有余榨油厂及时购买原料，于六七月间开始复工。太平洋战争爆发后，公共租界也陷入了日伪统治之下，原料供给日渐困难。大有余榨油厂的产销都受到了影响，生产日渐低迷，且开支不断加大，运营变得艰难。在最困难时期，该厂只能代洋行榨油，而从中收取加工费来维持营业，一直到抗战胜利，最终都未能恢复元气。

粉团满担好安排
——食品生产

碾米、磨面、榨油，毕竟还是食品的粗加工。加工后的产品属于可以食用的粮食与食用油，但如果要让消费者即买即食，更便于消费，将产品的附加值提高，需要对食品进行再加工，就是所谓“二次加工”。它包括茶食、点心、糖果、蜜饯、炒货等，还包括对于各类副食品，如肉类、乳制品、水产和水果等再加工。因为有了食品再加工的行业，民间将糕饼、糖果、饼干、罐头一类作为市场销售，有了更为具体的抓手，就连《盛泽竹枝词》谈及庵堂里的出家人，馈赠送礼都变得十分方便。这首竹枝词云：“每见尼姑送斗斋，粉团满担好安排。分明菜馅又糖馅，钟鼓余功作手佳。”食品“二次加工”对于便捷消费的作用，在这里得到了生动的说明。

民国时期，随着江南电气事业的发展和普及，食品加工、制造业中部分手工业作坊，开始向使用机器生产转变。20世纪20—40年

▲ 1934 年，江苏镇江门诺派传教士与中国面包师一起检查面包的制作质量

代，除碾米、磨粉、榨油业建立了一批新式米厂、面粉厂、油厂之外，茶食糖果业中发展了饼干厂、西式糖果厂，以及冰厂、棒冰厂等，标志着近代食品工业开始起步发展。但当时食品再加工的工业化水平仍然不高，在整个食品加工制造业中所占比重有限，大多还是以手工业作坊式生产，设备简陋，生产效率低下。

吴俗有“有客必敬茶，有茶必备点”的风俗礼节。苏州糕点制作历来讲究新鲜精巧，注重时令节日，并以酥皮包心类见长，形成苏帮特色。清末，苏州茶食业形成一批各具特色的著名商号，如稻香村（创于清乾隆年间，一说为同治年间）、悦来斋、野荸荠、紫阳观（均创于道光年间）、叶受和（创于1886年）、赵天禄、王仁和、益昌尧、吴鼎盛、春阳泰、一枝香、老如号（均创于晚清），清末民初，苏州茶食、糖果二业，制造虽各有侧重，销售已交融合流。到1930年二业合并，建茶食糖果业同业公会。1937年，茶食糖果号有75户；1944年，增至138户，其中生产作坊由26户增至44户。至1949年，全行业有164户。

▲ 1917 年，杭州街头的商铺，“兴利制面公司”的广告招牌迎风招展

▲ 20 世纪 30 年代，江南小镇上做挂面的工场，一女子正在整理挂面

上海开埠以后，带有漂亮糖果纸包装的西式糖果才逐渐登陆中国。受西方的影响，民国时期的食品加工业，也逐渐摆脱了中国式传统的、以家庭为单位的、作坊式的手工业生产状态。加工业分工细化和生产的机械化，使得生产规模不断扩大，催生了一批具有工业化能力的食品加工厂。上海成为了中国糖果行业的发祥地，据不完全统计，民国时期上海已有200多家糖果厂。

值得一提的是20世纪40年代留学海外归来的冯伯镛创立了上海爱皮西（ABC）糖果厂，他看到了用国产替代进口的商机，1943年请来制糖高手刘义清进行仿制。刘义清没有简单执行破解英国奶糖配方的指令，通过创新研发出一种新型奶糖。为此冯伯镛还邀请一位白俄设计师为新款奶糖设计包装，设计师借用了红极一时的迪士尼卡通形象，创作出了红色米老鼠的包装图案。这款“ABC米老鼠糖”新糖果，因为口味独特、设计时尚、营销适度、价格相对低廉，很快就风行上海滩，成为当时最畅销的奶糖。

▲ 1937 年至 1941 年，外滩黄浦江上船娘晒鱼干的情形

东滩鱼汛四时鲜

——水禽肉蛋

“水禽肉蛋”副食品，一般指的是肉、禽、乳、水产、水果等，这些食品都容易腐败，保鲜是个大问题，在经济不发达的时代，通常只能就地消费。如果要使之能够销往本地以外，土法保鲜方法，有烘、晒、熏、腌、晾等。康熙年间《苏州府志》卷二十二“物产”条记载，清代苏州人制作虾鲞，“小瓶贮之，可以饷远”。《双林镇志》卷十六“物产”条记载，湖州双林镇人则“取大青鱼或鲤鱼制为湖鲞，贮于坛，可经久且香美”。清康熙年间，苏州人“以糖霜拌杨梅，封贮瓷瓮，经年犹鲜”。江南食品再加工的水平在不断提高。

副食品业由肉食品、水产、禽蛋、蔬菜、豆制品、咸菜豆芽、熟食等自然行业组成。据上海地方志书记载，清代上海，运输海鲜、河鲜的船只，大都停泊于十六铺一带，码头附近有各种牙行数十家，代货主销售鱼鲜。清乾隆三十六年（1771），沪帮鲜肉商人在城隍庙香雪堂建宰猪、肉庄业公所。清咸丰元年（1851），万有全腌腊店在小东门外开业。晚清时，南市出现小桥头、九亩地、郎家桥等露天菜场。清光绪二十九年（1903），唐家湾搭建木结构的室内菜场。嗣后，大兴街、小普陀桥也建造了室内菜场。及至1949年上海

▲ 20 世纪 30 年代，浙江舟山一个挑着鱼干卖的男子

鼎新，邑庙、蓬莱两区共有室内菜场3处、露天菜场11处。

此外，苏州的熏腊、野味店、回族清真店及茶食店，也都从事熟肉制品的加工。民国年间《醇华馆饮食脞志》载：熟肉店以陆稿荐、三珍斋两家最为驰名，其出品以酱鸭、莲蹄为上，其次是蹄筋、酱肉、汁肉。野味店以唐元章最有名。1931年，常熟马泳斋在苏州开

▲ 1932 年，上海江边的村民晾晒鱼干

▲ 民国时期，江南街头鱼贩用秤称鱼，以定价格

设分店，以“马肉”（马氏所制熟肉）、酱鸡出名，随后龙凤斋亦在观前街开设。茶食店兼营熏鱼、野鸭等类野味熟食的有稻香村、叶受和、东禄、悦采芳等，“皆有佳制，胜于专售野味之店”。

上海《浦东简史》有首竹枝词写道：“东滩鱼汛四时鲜，春鳜秋鲈各斗妍，独到黄梅看街上，白虾银杖不论钱。”“东滩鱼汛四时鲜”，说明浦东水产鱼类丰饶，四时皆富有河海时鲜。旧时上海水产品加工保鲜的主要方法，还是利用天然冰冷藏或腌制海鲜。至民国时期，包括海鲜、河鱼等各类水产品交易，集中在十六铺沿江一带，形成水产市场。江苏、浙江等地贩运海鲜者竞相来沪设行，南市水产交易更见兴旺。1936年，国民政府在定海岛（今复兴岛）建立上海鱼市场后，上海的水产交易形成南北分立的局面。

随着近代中国冰鲜鱼、冰蛋品、冰肉禽、冷饮等冷藏食品需求增长，逐渐形成了一个新的制冷制冰产业。这个产业起始于天然冰，嗣后人造冰起而代之，冷冻冷藏等产业依次逐步发展起来，越做越大，而江南尤其是上海的制冷制冰业在全国一直有着重要地位。从民国时期上海制冷制冰产业的发展，可以看出冰块正在改变人们的饮食生活。

冬至农家屠宰忙

——屠宰场坊

清代前期，江南各地尚无专业宰作，活畜由鲜肉商自宰自理。无论贫苦人家还是大户人家，都会在冬至时节，欢天喜地地过节、迎年，大户人家杀年猪、腌腊肉、灌香肠……不过，这杀猪宰羊的活，一般人家也许做不了，于是就逐渐有私营宰作代宰猪牛羊，这叫专门的事让专门的人来做。肉类加工业，即猪、牛、羊及家禽宰杀加工业，包括熟肉制品业、猪肉类加工业，年复一年，也是由传统屠宰业、鲜肉业发展演变形成。

▲ 1933 年落成的老场坊，原为上海工部局宰牲场，曾是远东地区规模最大的宰牲场，俗称“杀业公司”或“杀牛公司”

清光绪十四年（1888），上海法租界在南阳桥附近建造了一座简易宰猪场。光绪十七年，公共租界开设虹口（九龙路）宰牛场。随后，大南门江阴街及小北门等地都陆续开设了宰牲场，或称“宰牲作”。1920年，上海西郊北新泾镇也开办了北新泾宰作。一时上海南北的宰牲场（作）散设，这些宰杀猪牛羊的场所，一般都是“私作”，也导致宰场猪粪狼藉，臭气四溢，叫声嘈杂，有碍公共卫生和居民安宁，造成市政卫生管理、肉品检验等诸多不便。民国初期，华界市政管理当局通令各宰牲作集中开设，集中宰杀。但宰牲作资金微薄，无力迁建。为此，肉商同业先后申请集资建设公共宰牲作（简称公作），方便就近集中宰杀和处理。

▲ 清末民初出版的画报《老上海老行当》——杀猪

1928年，经申报批准，首先由16名鲜肉零售商合伙创建了曹家渡商办猪牛宰牲公作。到1936年，相继开办登记的还有上海城厢内外（薛家浜）猪羊公作、徐家汇商办宰牲公司等24家。与此同时，租界的官办宰牲场也陆续兴建。法租界当局在光绪二十八年（1902）改建的南阳桥宰猪场的基础上，扩建了一座规模较大的宰牲场，俗称南阳桥杀牛公司地址位于今西藏南路300号。

1929年，公共租界当局将九龙路宰牲场迁至沙泾路10号重建新场。1933年，上海宰猪业同业公会成立。1936年，沙泾路宰牲场又陆续扩建冷藏库、化制站等。这个宰牲场，现已改建为1933老场坊创意园。这一座建筑由英国建筑师巴尔弗斯设计，1933年建成。由余洪记营造厂建造，占地面积8 677平方米，建筑面积29 500平方米，高四层，钢筋混凝土结构，是当时远东地区最大的现代化屠宰场。同规模的屠宰场全世界仅出现过三座，一座在英国，一座在美国，第三座就是上海这座。如今，前两座已经无迹可寻，这里便成了全球唯一遗存，极具文物保护价值。

▲ 被赶入宰牲场的牛群

▲ 1945 年抗日战争胜利后，上海榻车运猪肉进城

第五章

嬗变中的民众日常饮食

19世纪中叶以后，商品经济的迅速发展和欧风美雨的猛烈冲击，使居住在江南地区居民的饮食状况和结构发生了巨大的变化。如上海周边的郊县，食品大抵来自各自直接生产的农产品，并以一定数量的种植、渔猎食品作为补充和调剂。

由于民国社会各等级的政治、经济地位不同，反映在饮食生活中，各个等级之间，在用料、技艺、排场、风格及基本的消费水平和总体的文化特征方面，都有所不同。在此过程中，贫富差异与鸿沟也明显拉大，构成了不同的饮食消费层次。

首先是占全社会人口主体的广大农民，基本上是“粗茶淡饭，糠菜半年粮”。自种的五谷是他们的主要食物原料，很少有肉可食，其副食也就是单调的自种蔬菜。另一类是进城务工者，也是一无所有的无产阶级，他们充当洋行、码头的劳工，或者从事运输行业的苦力，为了节省时间，他们就在街头马路饭摊、小饭店用餐，吃着经济快餐或简餐，挣扎在社会的最底层。

其次是城镇中的一般市民和农村中的中小地主、下级官吏，以及经济、政治地位相应的其他民众，一般情况下能有温饱的生活。他们的饮食构成一般比较丰富，既可在年节喜庆时将饮食置办得丰盛和讲究一点，也可在日常生活中经常改善和调剂，已经有了较多的文化色彩。

至于达官贵人、工商阔佬、有身份有地位的上流人士，他们虽只占社会总人口很小的一个比例，但日常饮食则穷奢极欲，花天酒地，则只能另当别论了。

总的来说，开门七件事，柴米油盐酱醋茶，每一件都和饮食有关。一般民众仍然是传统饮食主流延续的主力军，市民将乡村饮食中的美味吸收过来，转化成城市饮食中的美味，其基本的趋势是食品的形状由大变小，质量由粗变精，花色品种由单调到繁多。

现如今常听到人们关于“菜系”的议论，其实，所谓“菜系”是新中国成立之后的产物，民国时期并无“几大菜系”的明确定义。近百年里，食品菜肴最显著的变化特色是西餐进入中国，中餐出现了与晚清不一样的味道……随着人口的迁徙、民族的融合、时代的发展，中国的菜系也一直处于变化发展之中。

▲ 著名画家张大千是民国有名的“吃货”，这是他在家里自己动手炒菜

朝晡细嚼家常饭
——家常便饭

寻常百姓居家过日子，不可能天天下馆子。就算是有钱的阔佬，也不能天天山珍海味，否则的话，他的肠胃会很快完蛋，无法承受美食之重。所以，普通民众总是吃着自己的家常饭、家常菜。恰如宋代学者钱时《当食自喜二首・其一》诗云：“饮食无他止养身，人间多少不惺惺。朝晡细嚼家常饭，一卷神农本草经。”家常饭菜最养人，古人平时的家常菜大多是蔬菜，只有到了祭祀或节日中才吃鱼肉。晚

清及至民国，江南各地民众的饮食形式基本上也体现了这样的特点。

▲ 20 世纪 30 年代，上海的家庭主妇提着篮子上街买菜

中国人所说的“家常菜”，也许有很多定义，但终究离不开一个“家”字，可以说当家庭的概念出现之后，就有了家常菜。所谓“家常菜”，实际就是凡夫俗子、布衣百姓家常生活中常做、常吃的一种菜肴，那是“最好吃的菜”，是人们“永远吃不腻的菜”。高档点，或者低端点，都无所谓，因为其中蕴含着家的表达，情的汇聚。尤其是母亲做的菜，不仅仅是一种味道的记忆，更是难以用语言来形容的。人们常说家国情怀与乡愁，其中就包含着家常菜的味道。也许同样简单的食材，放到餐厅里，格调就拔高了，名声就放大了，但它还是与普通民众家里的家常菜不能相提并论的。理解了这一点，就会领悟“家宴是至高的礼遇”的含义了。

江南各地普通家庭一年到头的家常菜也是随着时令转，人们讲究经济实惠，也绝不马虎了事，寻常百姓家，逢熟吃熟，不时不食，讲究清淡，惠而不费，“粗茶淡饭延年益寿”，要说具体门类，当然也是五花八门，根据自身的经济和物质条件，常见、常做、常吃的一种菜肴，也就决定了这种家常菜的品质，它使家庭厨房浓郁芬芳，也反映出家庭生活的幸福温馨。

民国时期的上海人日常吃些什么美食？1941年1月的《申报》有一个《一星期家常菜》的专栏，主要介绍冬日里红烧羊肉的做法，以及一整个星期的家常菜规划。可以看一下那时家常菜的内容：

星期一：荠菜肉丝羹 雪菜烧黄鱼 红烧卷心菜 生拌水芹菜

星期二：咖喱牛肉丝 韭菜炒蟹粉 菠菜豆腐汤 葱油萝卜丝

星期三：糟卤肠圈汤 葱烤小鲫鱼 雪菜豆瓣沙 生煸金花菜

星期四：牛肉炒线粉 糖醋煎带鱼 红烧胶州菜 素油豆腐汤

星期五：蓬蒿炒肉圆 干贝炒蛋花 笋衣炒豆苗 红烧萝卜片

星期六：银芽炒鸡丝 粉皮鲢鱼头 栗子炒菜心 虾子炒面筋

星期日：烧羊肉 面拖蟹 素十景 黄豆芽

▲ 1937 年，一个上海船民的儿子，对着镜头用筷子吃饭

显然这是一份民国时期较为富裕的上海人家的菜谱，还真没找到几个现在流行的特色菜，与现在人挂在嘴边的“本帮菜”，有点大相径庭。不过常吃的一些食材还是有的，比如黄鱼、蟹粉、雪菜、虾子、面筋等，倒是耳熟能详。

家常菜的食材选用很是广泛，有钱人家、土豪财东的山珍海味自不必说，一般人家几乎多选用时令蔬菜，包括山林的菌笋野味，江河

▲ 20 世纪 40 年代，蒋介石与宋美龄在家里吃饭，大抵都是寻常家常菜

▲ 1945 年，上海一家钟表店堂内的职员午餐

鱼虾河鲜，还有农家的家畜家禽，田野里的瓜果豆蔬等，所谓“七头一脑”：枸杞头、马兰头、小蒜头、苜蓿头、荠菜头、豌豆头、香椿头和菊花脑。上海人家的一盘炒素、苏州无锡的“水八仙”、南京的“旱八鲜”，一般多以清炒为主。在吴文化方言区，其中一个特点就是炒菜时加一些糖，那也是为了压住有的菜蔬本身的苦味，并带出蔬菜的清香。家庭饭菜，精细济楚。普通人家，多为四菜一汤两道主食的格局，饭碗小而菜盘大，食量小而品质高。各家的餐具、酒具、茶具，多是成龙配套，比较讲究。

好吃不过家常菜，人们对于家常菜的理解，常常是本着家里怎样方便怎样来，以食材准备的情况，怎么方便烹调，怎么顺手就行，或小煎小炒、或烧煮焖蒸、或凉拌卤煮、或腌渍泡酱、或汆煮白水，怎样顺口怎样来，怎样好吃怎样来，诚所谓“物无定味，适口者为珍”。居家过日子的散淡与休闲，它是一种平常持续消费的行为。一道道家常菜，鼎鼐中调和着各种味道的和谐，实则包含着人生五味“酸甜苦辣咸”在内也。

南烹北果聚君家

——海派菜肴

19世纪中叶开埠以来，上海吸收和包容了各地的风味，空前活跃的人口流动，形成由广大移民组成的庞大饮食消费市场，不仅京、粤、川、扬、潮、闽、苏、杭、鲁、豫、徽、湘等所谓“五湖十六帮”等不同帮口的菜肴在上海落地生根，连同风味各异的西洋菜、东洋菜都能在上海滩安家落户，各色菜馆应运而生，也为上海人的饮食观念和饮食习俗在频繁交融中形成特色风貌构成了客观条件。借用南宋诗人杨万里《庆长叔招饮一桮，未釂，雪声璀然。即席走笔》诗里的一句“南烹北果聚君家，象箸冰盘物物佳”，来描绘上海饮食“海纳百川，兼容并蓄”的特色，并不为过。

▲ 20 世纪 30 年代中期，上海南京路的热闹景象

民国时期，由于政局的不稳定，人口流动量大面广，全国各种各样的不同的饮食习俗，为海派饮食的形成打下了客观基础。各地招牌菜进军沪上，要能站稳脚跟，就得在菜肴制作上亮出绝活，所以无论哪个地域帮口的菜肴，都特别讲究烹饪水平、制菜技法、食材组配、刀法洒脱，以烧、炒、蒸、炖见长，特别是调理鱼鲜和禽畜有很深的功力，尤以色调的秀雅、菜型的清丽和肴馔中蕴含的文化而著称。

近百年来，鲁系菜肴历史最为悠久，不仅突破胶东沿海，并扩及京津，包揽中原，更传播至秦陇与关外，广泛吸取各地菜肴长处，与华岳河洛连成一片，形成最具代表性的北方菜系。川系菜肴依凭西南物产丰沛的优越条件，烹饪水平发达，近百年来随交通大开，一跃而居于地方菜系前列，既给鲁菜和扬菜以重大影响，又不断吸取外地菜肴的经验，最终形成了麻辣香浓、滋味厚广，但仍保持着气息浓郁的地方古风特色。粤菜以广州菜为代表，本身具有取料广泛、调味特别的传统。近百年来因通商要津之所在，积极掺入西方饮食文化成分，无论在食物或食俗方面，中西合璧最为显著，形成了生脆鲜淡的独特风味，凡闽、台、琼、桂诸方，风气皆得被染。淮扬菜肴自不必说，传统深厚，久负盛名，有清鲜微甜、刀法精妙和色调素雅等传统。

在中国，上海地处长江入海口的地理条件，中西佳味，皆蓄于此。经过了百余年的演变，不是全盘西化，也不是用中国烹饪法简单烧制的“中西大菜”，而是真正吸取了西菜的精华，发展了西菜各不

▲ 20 世纪初，上海虹口三角地菜场附近，人流摩肩接踵的繁华景象

▲ 20 世纪 30 年代末，上海饭馆林立，各个帮口的菜肴齐备

相同的风味特点，逐渐形成了各式流派。无论是法式、美式、俄式，还是德式、意式等流派，均有其不同的特点和不同的烹调方法。上海的西菜馆是在长期的经营实践中，根据各式西菜注重营养的不同特点，融入我国菜系的成分，既不同于各式的正宗菜肴，又有别于外地的海派西菜，从而受到国内外食客的欢迎。

吴方言区有一个词，叫“吃得开”，意思是头脑活络、精明能干、办事麻利，含有在社会上处世人脉很广，很有办法和能力的意思。这种意思与“吃”联系在一起，形象地概括了上海饮食文化的特征“吃得开”，从口味、层次到标准、档次，都呈现开放流动的特点。而支撑上海人饮食习俗“吃得开”的特质，在于不断创新、不抱残守缺的经营模式，不再细分自己属于何种菜系，而是更多融入和接纳多种地方特色的菜肴。创新与包容，永远是海派餐饮“吃得开”的重要推动力。

▲ 20 世纪 30 年代，不同菜系的菜馆聚集在河南路两旁

▲ 清末上海老城厢内的饭店

楼上房间各自由

——说本帮菜

说起上海菜的特色，有人会说“本帮菜”。所谓“本帮”，“本地”之谓也，天下各地的菜肴若在本地，当地人都可称为“本帮菜”。移民大量入沪，人口集中，饮食消费市场变得开阔而深厚。民国姚公鹤《上海闲话》说，开埠之初，“滨江茅屋芦苇为邻，商市萧条，烟户零落”，“太平天国期间远近避难者，遂以沪上为世外桃源。……此为上海市面兴盛之第一步”。随着移民的不断增长，人口密度的提高，上海饮食消费市场也不断地扩大发展。到20世纪初，“上海一埠，为中国唯一之大商场”。这对以纺织、食品等消费工业为主体的上海民族工业是个直接而现实的刺激。“人口是社会最终产品的唯一消费者”，大量移民迁沪推动了上海迅速地发育成长为近代化的商品市场，为资本主义的商品经济发展，提供了良好的市场条件和销售环境。

19世纪60年代，上海取代广州而成为中国第一大外贸口岸。伴

▲ 1920 年，上海闻名遐迩的老正兴馆

随着经济活动而来的天南海北商人和他们的家眷，中外饮食业经营者及他们的大厨，纷至沓来，开设或经营菜馆、酒楼、饭店，四面八方的帮口菜系与上海本乡本土的菜肴交融，高度移民的状况和上海特有的地理环境和人文底蕴，进一步将上海的餐饮业推向高峰。上海近代餐饮业原本是以本地菜为主打的，以浓油赤酱、咸淡适中、保持原味、醇厚鲜美为其特色，常用的烹调方法以红烧、煨、糖为主。家常、平民化都是上海本地菜的特色。秃肺、圈子、春笋、黄豆等这些普通、廉价的原料都是本帮菜的主要食材。当海派饮食在海派文化影响下发展起来时，苏、锡、宁、徽等地方的风味被吸收到海派饮食中，菜肴就逐渐由原来的浓油赤酱趋向淡雅爽口，并形成了海派饮食的特色。

“街头巷尾皆吴语，数祖列宗半外乡”，开埠之初，终究以邻近的江苏、浙江籍居民为主体，安徽菜馆来得最早，继之是江浙菜馆接踵而至，苏帮菜、宁波菜近水楼台，占得先机。徽菜时兴了一阵子，但它讲究“重油、重色、重火功”，油水太重，令人生腻；宁波甬菜也一度生意火爆，如时人所说：“宁菜汤的容量太多（俗称‘宁波汤

▲ 20 世纪 20 年代开业的大中华饭店及其附属大中华菜馆，位于西藏中路

罐’），腥味太重，所以外帮人难以下箸，便是本帮人寓居上海久了，也不喜食。”人口众多的商业都会，人们的口味是众口难调的。后来就是粤菜和川菜的走俏，1934年出版的《上海顾问》载：“沪上西菜而外，以粤菜川菜为最盛。”实际上，从上海开埠到抗战胜利，在上海餐馆唱主角的几乎都是客帮菜。

上海本帮菜的特质就在于“无帮不备”。《民国上海县续志》中记载：“饮馔品，本帮而外若京、苏、徽、宁各帮皆较奢靡，今则无帮不备。月异日新，即盛馔往往舍簋用碟，步武欧风……本帮见存者仅邑庙南‘人和馆’一家，开设垂百年，至今犹略存古朴云。”志书中提到的这家人和馆长期设在城隍庙馆驿弄（今馆驿街）口。抗战军兴暂时停业，后迁移至今金陵中路上开业，但遭人仿冒而起诉讼，故称“老人和馆”，不料被误解为“适宜老人进餐”，于是该店将错就错，增设受老年人欢迎的廉价菜馔，其中猪油菜饭、醉糟食品是其特色。

与老人和馆齐名的还有老正兴馆，也是上海著名的本地菜馆。老人和和老正兴的招牌体现了上海本地菜特色的核心：选料和而不同、做工精细讲究、口味清淡平和、经济实惠成本低。月月有时鲜货的丰富物产，讲究汤汁甜醇，浓油赤酱，如上海的红烧鮰鱼，成菜后腴嫩鲜美、卤汁稠厚，肥而不腻，是本帮菜中的佼佼者。传统特色都是选用寻常人视作下脚料而加以精心烹制，化腐朽为神奇而制作的佳肴，譬如红烧圈子、青鱼秃肺、糟钵头、虾子大乌参等莫不如此。白斩鸡也可以说是上海的一道特色风味菜，如果说北京烤鸭是京城的招牌菜，那么沪上则推白斩鸡无疑。

晚清朱文炳《海上竹枝词》云：“扬州馆子九华楼，楼上房间各自由。只有锅巴汤最好，侵晨饺面也兼优。”正是因为上海菜的来者不拒，推动各类餐饮品种在这里融汇。各种菜系的馆子自由进出，拉近了普通百姓与各种菜馆之间的距离。丰俭随意的理念，带入老百姓的心中，潜移默化中也在改变人们的用餐习惯。

▲ 民国时期，饭馆的跑堂伙计（即所谓“店小二”）肩扛着火锅上楼

百叶窗开面面风

——菜馆林立

20世纪30年代，上海的美食已经汇聚了江南各地的名馔佳肴，如虾子大乌参、八宝鸭、生煸草头、贵妃鸡、南翔馒头、排骨年糕、阳春面、擂沙圆、福寿宴和菊花蟹席；苏帮特色的松鼠鳜鱼、三套鸭、清炖蟹黄狮子头、水晶肴肉、大煮干丝、梁溪脆膳、三丁包、黄桥烧饼、苏州大方糕、文蛤饼、藕粉圆、淮安长鱼席；杭帮特色的东坡肉、龙井虾仁、西湖醋鱼、蟹酿橙、蜜汁火方、南肉春笋、宁波汤圆、千张包子、五芳斋鲜肉粽子、吴山油酥饼；徽帮特色的无为熏鸡、毛峰熏鲥鱼、凤阳酿豆腐、金雀舌、乌饭团、蝴蝶面、八公山豆腐席；赣帮风味的三杯

鸡、石鱼炒蛋、金丝甲鱼、泥鳅钻豆腐、萝卜饺、猪血汤酒酿等，可以说已基本形成丰富完整的系列。

上海本地菜馆发展的同时，各地饮食业经营及其厨师也纷纷进军沪上，竞相开设菜馆。袁祖志《海上竹枝词·沪上西人竹枝词》写道：“淡红漂白要泥工，百叶窗开面面风。更有三层楼槛好，迎凉快坐月明中。”各地各帮新式菜馆入驻沪上，对社会文化产生超出物质生活层面的积极作用。最早进入上海的是开在小东门的徽帮菜馆，它既经营菜肴，也兼汤面，拿手菜是炒鳝背、煨海参等，两个特别出名的菜是馄饨鸭和大血汤，一时闻名沪上。那时主要的徽派菜馆有萃楼、同庆园、大中华等。在徽派菜馆进入上海的同时，苏州、无锡菜馆也在上海出现，苏州、无锡菜均以太湖船菜为特色，并且口味与上海菜相仿，加上苏州、无锡人在沪居多，又以经营便菜便饭和河鲜鱼类菜肴为主，因而格外受到欢迎，如创设于清同治元年（1862）的老正兴菜馆、三兴园、得和馆、招商饭店，以及后来的东南鸿庆楼、大加利、大鸿运酒家等，都很有名。到20世纪30年代初，苏锡菜馆已占上海菜馆的一半左右。

粤菜以新雅粤菜馆为代表，为使粤菜吸引上海顾客，经营业主不但在菜馆的陈设上搞得富丽堂皇，招徕顾客，还专程从广州、潮汕请

▲ 20 世纪 30 年代，上海菜馆“状元楼”招牌

▲ 20 世纪 30 年代，杭州楼外楼菜馆

▲ 20 世纪 40 年代的扬州饭店，是上海首屈一指的淮扬菜名店

来一些大厨。高手烹饪，功夫了得，刀工既好，选料也精，如清炒虾仁，不全依靠调味，而是强调保持原味。另外，这类菜的外观都简单清爽、干净明朗，讲究内在的饱满、厚实，不追求表面的花哨。新雅、杏花楼、美心酒家、老广东饭店、珠江饭店和新亚大酒店等多家，集中供应粤菜，吸引了无数华侨和本地顾客。

宁波菜馆来沪也较早，如金陵东路鸿运楼、甬江状元楼、四明状元楼等，它们以经营海鲜菜肴为主，很受顾客欢迎。镇扬菜馆最早始于光绪年间，较有名的如扬州饭店，再如汉口路老半斋、新半斋酒楼等。京帮最早的有会宾楼、悦宾楼、太白楼、珊家园等。四川菜馆在同治年间就有，最早的有大雅楼、美丽慎记、都益处、陶禾春，后有聚丰园、蜀腴饭店、梅龙镇等。河南菜馆最早有梁园致美楼，后有厚福楼。福建菜馆最早的有小有天、别有天，后有天乐园。清真馆始于民国初期，有洪长兴、宴林春、南来顺等。素菜馆有功德林、春风松月楼、玉佛寺等。在清末民初时，已有数十个地方风味菜馆在上海出现。

由于上海本帮菜馆吸收了各地菜馆的特点，而外地菜馆也逐渐同化于上海菜，成为适合上海特点的各种地方风味菜馆，上海菜在原来本帮菜的基础上逐渐发展成菜馆林立、名菜云集，集海内外之精华的美味佳肴。从民国初期到30年代末，又先后增加了杭州菜、潮州菜、湖南菜等，于是形成了沪、苏、锡、宁、徽、粤、京、川、闽、湘、豫、鲁、扬、潮、清真、素菜等16个地方风味聚于一地的格局，为发展和丰富上海菜提供了良好的条件。

日日江鱼入馔来

——鱼鲜食品

水乡盛产鱼虾，有一首儿歌这样唱道："千条鱼，万条虾，鱼塘一个连一个，鱼儿处处跃清波。"在江南各地，鱼是一道重要的菜，画龙点睛一般，让一桌佳肴瞬间升华，引来舌尖上的雅。无鱼不成宴，有鱼才是席，民间在节日、婚寿喜庆等隆重的宴席上，绝对少不了鱼这道菜。鱼，不仅是美食，还寓意吉祥、富贵和对未来的美好祝愿，一般酒席，"鸡打头，鱼扫尾"已成为一种固定的食俗，传承已久。整鱼登席，是举座皆欢的压轴大菜，美其名曰"有头有尾，有始有终"。

苏州人吃鱼讲究时令。唐陆广微《吴地记》载："胥门……门南三里有储城，越王贮粮处。十五里有鱼城，越王养鱼处。"唐代诗人、农学家陆龟蒙《五歌·食鱼》诗："江南春旱鱼无泽，岁晏未曾腥鼎鬲。今朝有客卖鲈鲂，手提见我长于尺。呼儿舂取红莲米，轻重相当加十倍。且作吴羹助早餐，饱卧晴檐曝寒背。横戈负羽正纷纷，只用骁雄不用文。争如晓夕讴吟样，好伴沧洲白鸟群。"更有杜甫《送王十五判官扶侍还黔中（得开字）》的诗句："青青竹笋迎船出，日日江鱼入馔来。"青嫩高的竹笋带在船上出去，每天都有江里新鲜的鱼在盘中，很有生活的趣味。唐代还有一位诗人张志和写有《渔歌子》："西塞山前白鹭飞，桃花流水鳜鱼肥。青箬笠，绿蓑衣，斜风细雨不须归。"江岸桃花盛开，春水初涨，水中鳜鱼肥美。渔翁头戴青色斗笠，身披绿色蓑衣，冒着斜风细雨，悠然自得地垂钓，连下了雨都不回家，景美人更美。

鲈鱼的肉质洁白鲜嫩，清香而没有腥味。元稹在《酬友封话旧叙怀十二韵》赞叹道：“莼菜银丝嫩，鲈鱼雪片肥。”鲈鱼可以做成许多的美味，诸如红烧鲈鱼、糖醋鲈鱼、鲈鱼莼菜汤、菊花鲈鱼羹、锡纸烧鲈鱼等。鲈鱼还可以作为药引，《本草经疏》曰：“鲈鱼，味甘淡气平与脾胃相宜。肾主骨，肝主筋，滋味属阴，总归于脏，益二脏之阴气，故能益筋骨。”根据有关资料统计，太湖现有鱼类107种，除了著名的白鱼、银鱼外，还有鳜鱼、鲢鱼、鲫鱼、草鱼等常见鱼类。

江苏南通有一句谣谚：“宁吃鲥鱼一口，不吃草鱼一篓。”鲥鱼之鲜美无可替代。从明代万历年间起，鲥鱼即成为贡品进入了紫禁皇城。清代康熙年间，鲥鱼已被列为“满汉全席”中的重要菜肴，可见其身价品位之高。清康熙年间，鲥鱼被宫内授予“鳞品第一”。袁枚

▲ 20 世纪 30 年代，苏州太湖边上一对慈眉善目的渔家老夫妻

▲ 鳜鱼是江南丰饶物产的见证

▲ 民国时期，街边鱼贩正在称鱼

▲ 1945 年，南京一对姐妹从河边抬一筐鲜鱼回家

在《随园食单》称烹饪鲥鱼应做到“有味使之出，无味使之入”，以达到原汁原鲜滋润绝美的最高境界。“头仰尾巴翘，色泽逗人笑。形似小松鼠，挂卤吱吱叫”。这简短却又形象的几句话，描画的是苏帮菜中的“首席名菜”——松鼠鳜鱼。因乾隆下江南时品尝而扬名天下，时至今日，历经二百多年的历史，酸甜可口、造型逼真的松鼠鳜鱼，见证着苏州人对传统美食文化的执着坚守与传承创新。

玄色缎子咸板鸭

——禽类食物

宋陆游《游山西村》中有名句：“莫笑农家腊酒浑，丰年留客足鸡豚。”不要笑农家腊月里酿的酒浑浊，在丰收的年景里待客菜肴非常丰富。其实提到家禽入馔，南京的烧鸭、板鸭和盐水鸭，久负盛名，春秋时代就形成家鸭的养殖，就有双头青、鹅减脚；东汉时长江流域就有斗鸭和肉鸭；到隋唐时期，著名鸭种有金羹鸭、赤羽鸭、丹毛鸭、乌衣鸭、白玉鸭等。《本草纲目》中关于鸭的记载就更多了。明清时很多州县都驯养有优良的地方品种。“下河水鸭多生蛋，间有双黄格外肥。卖上江南船满载，也曾供给到文闱。”这是清代诗人韦柏森在《秦邮竹枝词》里咏叹高邮鸭蛋的名篇，清代大美食家袁枚也曾盛赞咸蛋以高邮为佳。

旧时老上海过年，有“岁寒三鸭”之说，南安腊鸭、南京板鸭和杭州酱鸭。这三种本都属板鸭。南京板鸭又分腊板鸭与春板鸭，前者的产季是小雪至立春，后者是立春至清明，质量以前者为佳。南京板鸭俗称“琵琶鸭”，又称“官礼板鸭”和“贡鸭”，是南京地区一道传统名菜，用盐卤腌制风干而成，因其肉质细嫩紧密，像一块板似的，故名板鸭。

明清时南京就流传“古书院，琉璃塔，玄色缎子咸板鸭”的民谣，据史料记载，早在南朝时就出现咸板鸭了，宋代该地区养鸭业的规模极其庞大，出现了许多养鸭专业户，陆游撰有“陂放万头

▲ 民国时期，农民将自养鸡鸭，用船运进城贩卖

清末民初，上海沿街卖鹅的小贩

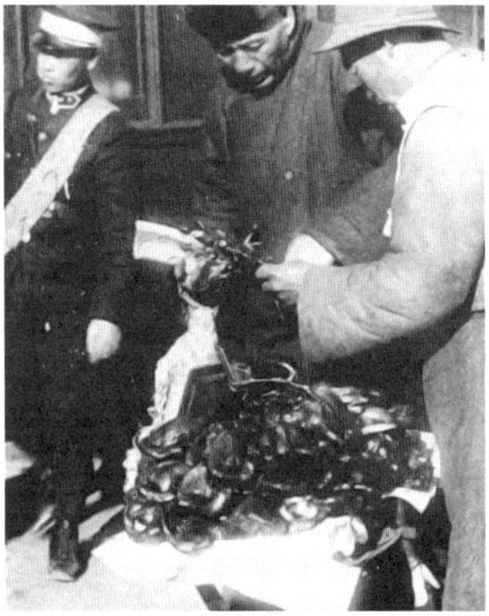

20 世纪 30 年代初，火车站台上卖烧鸡的商贩

鸭”“风起鸭船斜”等许多名句。有史料表明南京家鸭蓄养已有数千年的历史，先民们养鸭、食鸭渐成习俗，首先因为与独特的自然条件和地理环境有关，不独在南京，像皖北的和县、巢县、含山，苏北的兴化、高邮、宝应，皖南的芜湖、大通、宣城等地区都有鸭子广泛蓄养，形成广阔的生产和交易基础。

民国始建，水西门外是南京除下关外最重要的水上交通码头，也是老南京尽人皆知的鸭市，有鸭行二三十家，江南苏北诸多鸭农经过长途跋涉，到鸭子交易市场投行、议价和交易，按照那时的规矩，城里各处的鸭行、鸭贩、鸭铺三方共同议价。久而久之，水西门鸭子就名声在外了，而人们养鸭、食鸭习俗的形成也为此进一步奠定了坚实的基础。

作为江苏三宝之一的南京板鸭驰名中外，制作技术已有五六百年的历史，为金陵人爱吃的菜肴，因而有“六朝风味”“百门佳品”的美誉。《玄武湖志》引梁吴均《齐春秋》说：“板鸭始于六朝，当时两军对垒，作战激烈，无暇顾及饭食，便炊米

▲ 20 世纪 40 年代，一个卖家禽的小贩，正走在铁路边上

▲ 1945 年，上海活禽店老板正用秤称活鸡

煮鸭，用荷叶裹之，以为军粮，称荷叶裹鸭。”清乾隆《江宁新志》记载：“购觅取肥鸭者，用微暖老汁浸润之，火炙，色极嫩，秋冬尤佳，俗称板鸭。其汁数十年者，且有子孙收藏，以为业。……江宁特产也。”南京板鸭外形较干，状如平板，但肉质酥烂细腻，香味浓郁，故有“干、板、酥、烂、香”之美誉。从选料制作至成为佳肴，有一套传统方法和要求。据说其要诀是“鸭要肥，喂稻谷，炒盐腌，清卤复，烘得干，焐得足，皮白，肉红，骨头酥”。

▲ 20 世纪 40 年代，上海马路边的卖肉店铺

买来配煮花猪肉

——猪行肉摊

在上古时代，要将野猪驯化饲养成家猪，成本很高，放牧猪完全不如放牧牛、羊方便，所以猪就显得比较珍贵，商周时代被当作一种贵重、吉祥的礼物。猪和牛、狗、羊、鸡被称为“五畜”，和马、牛、羊、狗、鸡一起被称为“六畜”，在周朝，猪和牛、羊被称为“太牢”，只有国君及卿大夫才有资格享用猪肉。史载：“天子食太牢，牛羊豕三牲俱全，诸侯食牛，卿食羊，大夫食豕，士食鱼炙，庶人食菜。”汉代时仍然“泽中千足彘，此其人皆与千户侯等”，而普通的庶民，只能逢年过节才能享用一下猪肉的美味。

清代“扬州八怪”之首学养深厚的金农曾经写过一首诗：“夜打春雷第一声，满山新笋玉棱棱。买来配煮花猪肉，不问厨娘问老僧。”笔调诙谐又生动，将“笋烧肉”的做法和滋味描述得淋漓尽

▲ 20 世纪 40 年代，上海小菜场里的肉摊主与顾客

致。人们耳熟能详的吴地名肴“腌笃鲜”，其实就是这种“笋烧肉”的余脉。

不知从何时传下来一个老规矩——“宰豚不售肉，售肉不宰豚”，意思就是杀猪的不卖肉，卖肉的不杀猪。这个行规也是明清以来所形成的江南猪肉业经营分工与合作的一条“产业链”，于是这个行业就出现了猪行、宰坊和肉案的分工。猪行从事生猪买卖牵线和远距离购销业务，宰坊专事宰猪，所谓“不卖肉”，系指不零售，专营猪肉批发，同行中称为“汤盆”，肉案，就是面向市场消费者的大大小小的肉铺和肉摊。

▲ 20 世纪 30 年代，上海卖猪肉的肉制品店，顾客盈门

近世的所谓猪行，是以代客买卖为主、自营为辅的中间商，为买卖双方居间介绍，商谈价格，代为过秤，成交以后，向卖方酌收“中人钱”。随着活猪批量到货增多，有些中人搭建一些简陋房屋，供农民或猪贩住宿，并供给卸放活猪的场所，以便喂食、过秤，也可在内屠宰，当时就称之为“大作坊”，因此猪行包括了猪栈。

▲ 20 世纪 40 年代，上海马路边的肉摊

面对顾客具体进行销售的是大量肉摊，许多地方也叫“肉案”，其开业手续简便，通常只要向猪行，即后来的同业公会登记报备，一般都开设在民众较为密集的通衢街市，菜市场出现后，也有直接在小菜场设摊售卖的。肉摊主顾除了周边居民外，还有银行、大布店、大

南货店、大百货店的厨房，同业中称为“内店”生意；还销售给茶馆、酒楼、饭店，此为“外店”生意，那个年代，肉摊的竞争是很激烈的，肉摊要经常主动送货到饭店、茶馆、大商号。有的则大力巴结厨师，形成了一批相对稳定的客源。

大梆馄饨卜卜敲

——柴爿食担

清沈复（字三白）在《浮生六记》写到“馄饨担”：男主人沈三白偕同几位朋友，“有一年在苏州菜花黄的时候春游，苦无酒家小饮。女主人芸娘便出主意，雇佣市中一个馄饨担，锅灶俱全，一同前往”。后来编《浮生六记年表》的俞樾（号曲园）先生排算沈三白的那次春游街市所雇“馄饨担”的时间当在清乾隆五十八年（1793）。

芸娘所雇的馄饨担，还有一个名称叫“两间半”，相当于挑着厨房、吃食店。清末《营业写真·卖馄饨》配画词专门写了一段描述老上海街头食担的《竹枝词》：“大梆馄饨卜卜敲，马头担子肩上挑。一文一只价不贵，肉馅新鲜滋味高。”自注“馄饨皮子最要薄，赢得绉纱馄饨名蹊跷。若使绉纱真的好裹馄饨，缎子宁绸好做团子糕”。此种“大梆馄饨”意指流动的馄饨摊，在吴方言区也叫“柴爿馄饨”，所谓“大梆”实际上是梆子腔里的打击器，被小贩用作吆喝之用。旧时，乡村、城镇的巷子、小路两旁专门的小吃馄饨店不多，小贩走街串巷，

▲ 晚清街头一个卖小吃点心的流动摊贩，脸上堆着笑容

▲ 1927 年，挑担售卖糖果的小贩，引来一群孩子围观购买

卖小吃的挑着担子，等于挑着厨房走大街，招呼客人吃馄饨。这种具有特色风味的小吃担，在长三角地区各城镇都普遍流行，尤其上海、苏州、无锡、常州、杭州、嘉兴、湖州等地，走街串巷的小吃担最为普及。

担子的货品按照季节不同，盛放的食物也不一样。从春夏至深秋，从深秋至三九寒冬，每至黄昏，华灯初上，柴爿食担便会出现在街头巷尾。麻雀虽小，五脏俱全。担上的小吃品种繁多，且随着季节的变化，从鲜肉小馄饨、糯米汤圆，再到桂花糖芋艿、糖粥、糖年糕等。特别是这碗馄饨，对于汤水很是讲究，不管是肉骨头还是鸡壳子吊出的汤，都是清清爽爽不能有一点肉渣骨屑粒，还得撒上虾皮、蛋皮丝和葱花，一口下去，馄饨跟着汤水一起滑进喉咙口，真是鲜得让人要掉眉毛。

▲ 20 世纪 30 年代，上海街头的馄饨担

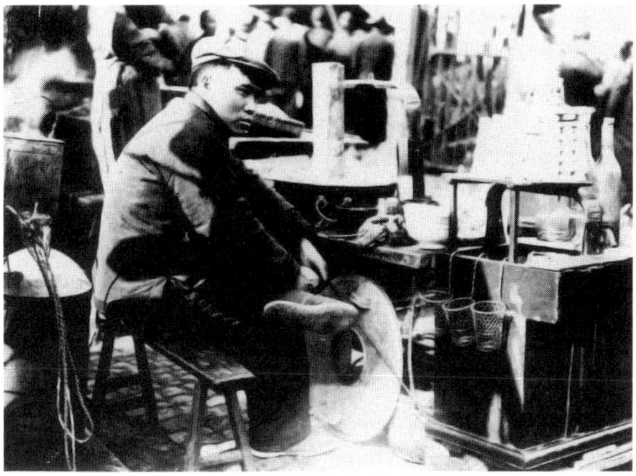

▲ 上海街头一种供应年糕、汤圆或油豆腐线粉汤的食品担子，挑起即走，放下即可经营

担子的摊主，每到一个地方，看看四周的人气，巷子口、弄堂空地，路灯下、街头转角，就把挑担卸下。炉膛内的炭火是一直生着的，方便顾客随时停下来要吃热的馄饨，扁担的一头是炉子、碗筷、水桶，另一头装着抽屉的货架，放满了各种各样的作料，虾皮、紫菜、葱花、油盐酱醋，一应俱全，担顶竹节上还吊着一盏火油玻璃罩灯，用于夜间照明。

民国以后，上海街头的馄饨担，市民称为“柴爿馄饨”，从入夜时分开市，直至深夜。尤其到了夜间，在街头巷尾，馄饨担泛着红光的灶火，在夜色中飘忽，成为那个年代上海街头一道特殊的风景。特别是大冬天的夜晚，冻得瑟瑟发抖的人们，来上一碗滚烫、飘香的热馄饨，鼻尖儿的汗立马就会沁出来。这也是人们对它印象为什么如此之深的原因……

▲ 1940 年，南京路近劳合路（今六合路）口东望，左侧最近处有一家小吃店名“王锡秀斋”，店门前打着“经济小吃，猪油菜饭”的招牌，吸引周边店员前去用餐

逐时施行索唤郎

——经济饭摊

民国时期的上海，市内街头弄口，都有饮食店开设，有体面的酒楼饭馆，也有小微型的面食点心店，更有一般的马路饭摊，经济实惠，均受到一般民众的喜爱。饭店经营的竞争异常激烈，最终必然是奇招迭出。善于经营的饮食业主为更多地招徕生意，配制成套而又价格适中的套菜供客人选择，分为四菜一汤、六菜一汤或八菜一汤等不同档次，谓之“和菜”。“和菜”的出现就是为了专门适应团体性顾客的需要，顾客根据就餐人数和经济条件食用“和菜”，免去了点菜的麻烦和有时可能出现的尴尬局面。

从“和菜”后来又发展到“包饭作”出现，“包饭作”不是“我包给你做饭”，包饭作之“作”，其实就是代替家厨的小作坊，你要吃什么菜，我做好给你送上门，价格也比饭馆要便宜，就像现在的许多饮食店做外卖一样，“逐时施行索唤郎”，所谓“索唤”就是指定时间将热饭热菜准时由伙计挑了送上门来。那挑子一头是装米饭的木桶，另一头笼屉内装的是一碗碗菜蔬，当然还备有碗筷调羹之类的餐具。为使饭菜保温，每个盆碟下又另加盛满热水的套碗，所以食物送到时仍能保持热气腾腾。吃完后由伙计来收走并打扫干净。“包饭作”的收费标准由商家老板随行就市，根据标准来制定菜单。饭菜每天要翻花样，口味要好，还要够吃才行。吃得不好，主顾就会另换一家。所以“包饭作”的老板也不好当，在一个月包干的饭钱中，要让主顾吃好，做到大多数人满意，还要有自己的利润，是有相当难度的。好在一般“包饭作”通常在自己家里做，无须付房租；请几个下手帮忙，靠精打细算终能有点微薄利润。

代之而起的是“厨房”，菜肴一律现炒，以公司行号职工及跑街、

▲ 20 世纪 40 年代上海的马路饭摊，经济实惠又方便快捷，种类丰富，很受中下层市民的欢迎

掮客、小商小贩之辈为服务对象，每到中午顾客在附近的“厨房”就方便餐，价廉物美、薄利多销的家常菜肴是主要内容。后来“厨房”为规模更大一些的公共食堂所代替。至于制作客饭的“饭摊”，在全民族抗日战争之前叫“大菜饭摊”。不过请别误会了，这“大菜饭摊”绝对不是西菜风味，而是摊主收购那些残肴剩馔，泔脚钵头，并将其中的鸡鸭鱼肉分别置锅煮沸，再加些蔬菜、豆腐、粉丝之类作为辅料，连菜带汁在饭摊上廉价供应。虽是残羹，却也有荤腥，营养丰富，很受一般劳苦大众，如黄包车夫、失业人员的青睐，当时的价格，“大菜”一碗，籼米饭一大碗，仅需十余枚铜板，却也能浅尝荤腥地饱餐一顿。据那个时候的老人回忆，由于摊主措施得力，故未有不卫生乃至食物中毒事件发生。租界中的带钩桥（今山东南路）、东新桥、八仙桥、十六铺等劳苦大众聚集地段，这类“大菜饭摊”比比皆是，营业颇盛，这也是在繁华上海的底层社会中一个辛酸画面。抗战胜利之后这类“大菜饭摊”也逐渐消失了。

▲ 20 世纪 40 年代的上海兴起经济快餐，名为“经济客饭”，当时通胀严重，一客经济客饭也要“千元”

▲ 20 世纪 30 年代，上海街头以苦力为服务对象的马路饭摊

“包饭作”是一种大众化饮食业，它不在闹市开设门面，只在僻街或里弄中设立据点，因不耽误工作时间，按时送达，所以很受附近没有厨房的店号欢迎，这也是上海饮食业中的一种服务特色。当时，街上常有很多流浪乞丐和小瘪三，各据地段互不侵占，凡是“包饭作”师傅挑担送饭菜时，他们恪守成规，不得干扰；只有餐后多余的残菜冷饭，送饭师傅挑回时，乞丐瘪三和流浪汉才能上前倒取一空，送饭师傅听任不得阻拦，双方似乎也达成默契，这被社会上称为“倒冷饭”，也是那时上海社会的一种特殊现象。当然，比“包饭作”更下等的是“卖饭担挑”，没有固定的销售对象，主要出入于码头、工地等劳动阶层云集的场所，这同顾客本身的职业工作也处于流动状态有关。

第六章

中西饮食交融和发展

近代江南城市居民日常饮食生活的另一重大变化，就是随着城市现代工商业的发展，生产由个体化向集体化和社会化转变。职员、教员、店员等大量出现，生活节奏的加快，进一步推动了饮食生产和消费的社会化，饮食烹制和消费的场所逐渐由家庭向社会转变。

家庭的饮食功能逐渐弱化。饮食业在满足市民日常饮食需求中的作用越来越大，并逐步取代传统的官厨，成为推动近代饮食文化发展的主要力量。

现代经济的发达和饮食市场的繁荣通过西方饮食文化的引进、消化与吸收，各种食品如机制大米、面粉，机制糖果、饼干、罐头、糕点、汽水饮料等食品进入普通市民的饮食生活中，增加了传统饮食中的主副食品种类，大大丰富了普通市民的日常饮食生活。许多人家无荤不食，倡购时鲜的风气也不再被视为奢侈。

西方多方面的文化冲击着刚刚由专制帝制蜕变而来的新型社会，近代科学知识及健康理念进入中国，饮食卫生问题也逐渐为国人关注，激发了当时一批知识分子重新审视饮食文化理念，分析传统饮食诸方面的利弊，从而开启了一扇中国传统饮食文化从封闭走向开放的大门，使博大精深的中国饮食文化，兼容中西风味和荤素搭配，多元饮食业态并存有了长足发展。民国以前，跨区域饮食市场非常薄弱，大量“外帮菜”与本地菜的融合交流，跨区域饮食市场的兴起，推动了江南饮食文化的总体发展与进步。

许多以往的家庭作坊独家绝门、秘而不宣的“家制”“私房菜”成为面向广大市场的“市货”。如历史悠久、蜚声海内外的苏式糕饼，消费量迅速增加，质量要求越来越高，品种越来越多，生产水平与国际水平差距正在缩小，地区间交流日益频繁，并且较快地渗入到普通百姓的日常饮食之中，成为知名的地方特产，远销海内外，闻名遐迩。

此外，在外来文化的影响下，各类商品的包装设计明显表现出了中西融合的风格，体现在图案、文字、装饰、材质等多个方面，不但在当时有力推动了中国包装设计的发展，也为食品包装设计在如何处理古与今、中与西的关系上提供了丰富的启示和借鉴。

▲ 1891 年，上海租界当局在虹口建成一个木结构的室内菜场，命名为“虹口菜场”，又称“三角地菜场”。时为上海规模最大的室内菜场

乡农入市起中宵

——菜场初起

“乡农入市起中宵，蔬自篮提菜自挑。细雨出来箬帽荡，秋风人渡米筛桥”。这首上海竹枝词所描绘的是近代江南街市的日常，老上海县城原本不过是一个直径不足3里的小县城，与江南其他县城一样，蔬菜、副食品供应途径，一是菜农或蔬菜小贩以走街串巷的方式，挑担售卖；二是老城厢四周星散分布着一些集市街，菜农或小贩在那里设摊，“行商坐贾”，至今还保存着的诸如“豆市街”“火腿弄”“面筋弄”之类的路名，应该是这种风俗的孑遗。

1860年前后，因战乱导致租界人口激增，蔬菜与副食品供应就成了一大难题。在不得已的情况下，租界当局允许菜农和菜贩进入租界设摊，于是在租界内形成了一些分散的、不固定的蔬菜副食品摊点。由于这些摊贩像打游击似的，既没有固定的营业时间，也没有专

▲ 1899 年，英大马路（今南京路）小菜场及市政厅

门的营业地点，给市民购菜及租界的卫生状况带来不少麻烦。

中国第一家菜市场诞生于1864年的上海。1863年，英国商人汉璧礼与一位从法国海军退役的神甫拉波尔德，共同在法租界购买了一块计24亩的土地，向法租界公董局申请，在这块土地上兴建一个由他们出资的副食品市场，要求公董局准许把法租界内分散的摊点全部集中到副食品市场营业，这一建议得到公董局的认可，经过约一年的筹备与建设，1864年12月21日，公董局通告所有的蔬菜、水果、鱼、野味等摊贩，自1865年1月1日起，必须进入“中央菜市场”出

▲ 20 世纪 20 年代，上海街头的卖菜小贩交易情景

▲ 1924 年，上海舟山路菜市场

▲ 20 世纪 40 年代，上海八仙桥小菜场前商贩云集、人声鼎沸的盛况

售自己的货物。但是对许多自由散漫惯了的菜贩而言，进入市场须交付租金甚至缴纳税金，还得在规定的时间里营业，感到浑身不自在，拒绝前往经营，所以菜市场开业不到一年就关门了。这个位于今天宁海东路上的“中央菜市场”，虽然只是在空地上搭建一个大棚，时间也很短暂，但它是上海居民第一次接触到西式社区买菜的体验。所以说，近代意义的菜市场，是伴随上海开埠后中西饮食文化交融而产生的。

据上海公共租界工部局1930年的年报，到20世纪初，公共租界内已建立了7个公共菜场，即中国、虹口、爱而近、汇山、东虹口、新闸和马霍菜场。这是工部局建造的第一批菜场，建成后有相当数量的菜农和小贩入内经营。直到19世纪末，有一个外国人利用今虹口区塘沽路、峨嵋路、汉阳路相交的三角地带开了一家叫作“飞龙岛”的综合性娱乐场，后因经营不利准备停业。1891年，该地块被工部局收购，美租界工部局为管理菜市场，方便摊贩和顾客集市贸易，在这里搭建木结构的大型室内菜场，因位于虹口三条马路的交叉口，被叫作“三角地小菜场”，市民索性简略地称它为

“三角地”，是老上海规模最大的室内菜场。

在上海曾经名噪一时的室内小菜场，除虹口三角地菜场之外，还有人们所熟悉的四马路菜场、八仙桥菜场、唐家湾路菜场等，此外还有河南北路的铁马路菜场、陕西北路的西摩路菜场、舟山路的提篮桥菜场、北京东路的石路菜场等。租界当局在各自的租界内参照英法两国医疗与公共卫生的法规和管理办法，实施卫生管理。对租界内食品的生产、运输、储存和销售进行监督管理，以制止不卫生食物流入市场。

近代菜市场是城市化的产物，看似平淡无奇，却蕴含着城市的岁月积淀和脉脉人情。它打破了传统社会生活方式，取而代之的是另一种社会生活方式和节奏。菜场是各种摊贩谋生的地方，同时被社会大众所利用，三教九流，无所不有，因此也就成为各种社会矛盾的交汇点，社会就在这种“相克与适应”中不断完善自己的运行机制。

洋场食品罗搜遍

——西点创新

“西点”，是中国人对西式甜点的统称。西点在上海的历史，据上海地方志书记载：清咸丰三年（1853），英国药剂师劳惠霖（J.Lewellyn）于花园弄（今南京东路）1号创办老德记药店，这家外商药店也曾在上海经营西式糕点。到咸丰八年英国人亨利·埃凡和他的儿子在上海开办面包房，为了贴近上海市民，他们把面包房命名为有中国特色的“埃凡馒头店”，产销面包、点心，还经营啤酒、糖果、汽水，堪称中国第一家生产啤酒的厂家。

蛋糕（cake）在西方有着悠久历史，指的是用糖或蜂蜜烘焙面粉甜点。它的构成，不仅有鸡蛋，还有牛奶和脂肪，它是在烹饪过程中发酵的混合物。其他西点糖果饼干等，各种名目如别司忌、哈斗、白脱小球、蛋筒……都像它们的名称一样富有想象力。曾任《太平洋

▲ 清末，享用西餐甜点成为上海阔太太们的新生活方式

▲ 1936 年，西式点心开始出现在上海西点店的柜台里

报》《民国日报》等报社编辑、久居上海的陈无我，吃斋念佛，在《老上海三十年见闻录》之二十九《饭袋酒囊》里有“洋场食谱开篇”，说洋场里的西洋食品“荤味杂”，并感叹：“洋场食品罗搜遍，只苦持斋吃素人。素菜之中荤味杂，若须净素要进城。花天酒地银钱易，可知耕地乡民咬菜根？”

任何标榜“正宗”的外来食物，一到上海，一般都会发生变异，上海市民都会对这类食品“融汇”并进行改造，从而打上海派文化印记。例如德大西餐社的柠檬派、静安面包房的别司忌、红宝石的奶油小方、凯司令的哈斗、可颂坊的羊角面包……无一不是显得不中不西，背离西点原在国的所谓“正宗”而显得有点“荒腔走板”的。

别司忌是英文biscuit（饼干）的音译，但它又不是饼干，而是面包片加了黄油和糖，烘烤得干硬脆香，不知道是当年在租界的外国人，真的这样做了这种点心，还是上海人自己发明了它，却用英语的发音给取了这样一个不中不西的名字。不过，也只有这样一个名字，才会让人毫不怀疑地相信，它是上海才可能有的点心。另一种“白脱小球”，就是将法国师傅做的地道法式长棍改良成“白脱小球”或“椒盐短棍”，外皮略硬，内心软韧，掰成小块吃。除了奶油蛋糕，那个时候的上海，还出现了许多中西结合的点心，如“掼奶油派”的哈斗、蛋筒、泡芙等。

“哈斗”是什么？形状扁扁的，一层又一层叠盖的硬酥皮里，包裹着鲜奶油，最外面一层，是浇注在面包外胚上的巧克力浆，烘烤冷

▲ 20 世纪 30 年代末，带孩子走在南京路上的外国妇女的背影被永远定格下来，路边“永安利中西细点”的招牌很是醒目

却后，变成了一层厚厚的巧克力外衣；中间一层就是松软的面包酥皮，咬下去有韧劲，最里面一层，就是被包裹在面包心子里的奶油了，香郁可口。红宝石的“奶油小方”就是在简单的一小块鲜奶蛋糕上，点缀一颗新鲜的樱桃，底下浅黄的蛋糕松软，中间夹着些许浅黄色的菠萝碎粒。这样的西点，在西方世界是买不到的，只有阿拉上海人，才深谙个中滋味。

▲ 1944 年，上海某俱乐部办茶会，席间外籍宾客众多，侍立一旁的服务生与插着吸管的玻璃杯，彰显着西式茶会的风貌

所以，上海西点名闻遐迩，然西点到了上海后，为适应上海人的口味也不得不作出很多妥协与改变，适应就是最好的，创新始终是第一要义，百多年前上海人就走上了一条不中不西、亦中亦西的混搭路子，闯出“海派西点”一片天。

气味多膻杂奶油

——面包诱人

农耕时代的大米和面条，喂饱了中国人爱吃热乎饭的胃，直到明朝年间，传教士利玛窦才将面包制作技术传入中国，中国人历来用蒸煮的方式，制成馒头、面条、饺子等，是为北方的日常主食。而在南方，也有用面粉制成月饼、酥饼等各种精巧的点心。

为了融入中国社会，很多来华的洋人往往会就地取材，为自己制作“家乡食物”。还有一些西洋使节的“贡品”中，也有“西洋饼”（西式面点）等名目的表述。袁枚《随园食单》里说的“杨中丞西洋饼”、李化楠《醒园录》里提到的“蒸西洋糕”，当属于此类。总的来看，面包等西式食品的传入，对中国人的饮食习惯并没有太大冲击，只是增添了一道尝新的“异味”罢了，很多人偶尔尝尝面包，吃个新鲜，回家该吃米饭时还是继续吃米饭，该吃馒头的接着啃馒头。自19世纪末期机器制面的方法进入中国后，“华人厌故喜新，面粉舶来进口日多”，面包和各种西式糕点也日益盛行。1909年出版的

▲ 晚清上海餐厅的糕饼店内景

▲ 民国时期老大昌洋行法式面包厂员工合影

▲ 20 世纪 30 年代，上海虹口犹太难民区，犹太人在舟山路上经营的面包摊正售卖“热狗”

▲ 1931 年，一个贫苦人家的孩子因能吃上面包而欣喜

《造洋饭书》也说：“面包，为欧美人普遍之食品也，有白、黑二种，易于消化，国人亦能自制，且有终年餐之而不精食者。”

中国人对面包的第一个感受，是觉得它的“腥膻”。西方人做面包，黄油、芝士等油脂是必备辅料，油脂渗入面团可以使面筋变得滑润，烘焙出来的面包显得蓬松，也保持弹性。但是农耕地区的江南人一向没有喝牛奶、吃牛肉的习惯，也没有吃过黄油、芝士这类食品。所以，那个时候的人们在接触到这种“外国馒头”时，大都有点不怎么适应。沪上一位署名“颐安主人”的作者，在《沪江商业市景词》作了一首有点调侃和讽刺味道的竹枝词：

“匀调麦粉做馒头，气味多膻杂奶油。外实中松如枕大，装车分送各行收。”

随着时间的推移，中国人也开始喜欢上面包这种食物，街上的面包房也逐渐多了起来。清咸丰五年（1855），上海开埠已经12年了。租界里的洋人，努力保持原有的饮食习惯，吃面包，吃牛肉，喝牛奶，喝咖啡。1855年，英人爱德华·霍尔与安德烈·霍尔茨在上海南京路上合伙开设沪上第一家面包工场。面包房有利可图。三年之后，即清咸丰八年（1858），另一个英国人亨利·埃凡和他的儿子在上海开办“埃凡馒头店”，即面包房，后改为埃凡洋行，生产面包、糖果、汽水，并首先制造啤酒。

▲ 1936年，闻名全国的上海哈尔滨食品厂创立，原名“福利面包厂”

20世纪初，民族资本开始涉足上海食品业。清光绪三十二年（1906），泰丰罐头食品制造厂成立。此后，陆续开业的食品厂有万国面包公司、盛泰昌糖果号、丽辉饼干厂、鼎阳观露酒罐头食品公司、迈逻公司以及协贞、协和等厂，分别制作面包、饼干、罐头、中式糖果和粽子糖、胡桃糖、藕丝糖等。除泰丰及迈逻公司外，大都资本微小，产量有限。

装入洋瓶售各家

——牛奶饮用

中国人喝牛奶，当然也可以追溯到秦汉时代，不过近代之前，还谈不上牛奶生产与消费的社会化。只有在近代工业革命兴起后，科学技术的发展，储存、运输、消毒、冷藏技术的广泛应用，牛奶才逐渐进入到寻常百姓家。

1843年上海开埠，西人来华，没有牛奶喝，他们很不习惯，曾经使一些外国人无所适从。为了喝到鲜奶，他们特地从欧洲运来奶牛与中国黄牛配种，使奶牛第一次登上中国的舞台。到了19世纪70年代末，又出现了专事养乳牛的“牛奶棚”，每天挤奶装瓶，由专车送给订奶的人家。之所以称为“棚”，应该就是空地上搭起的供养牛用的简易棚子，奶牛的数量也有限。有资料显示，民国时期的一家牛奶棚养着40头奶牛，牛奶主要供应洋人，跟如今的大规模现代化奶牛场是不可同日而语的。

1900年以后，喝牛奶的中国人开始增多，1906年工部局参照当时英国国内的牛奶标准，发布了“上海公共租界工部局牛奶质量标准”，对牛舍、牧场操作与卫生、牛奶的含脂率、非脂固体等作出了规定，于是，牛奶棚的生意开始红火。也就在这一年，一位署名“前后颐安主人”的作者在《沪江商业市景词》中，提到了当时上海的牛奶售卖方式：为了兜揽生意，有些牛奶棚甚至允许顾客赊账，“养牛取奶亦生涯，装入洋瓶售各家。一日两番车载送，贪心揽卖任人赊。”那时运送牛奶主要用马车、驴车，“瓶装牛奶送人家，绷布成篷亦备车。更为价廉驴代马，每晨环绕路三叉”。还有一首竹枝词提到了罐头牛奶：“罐头牛奶制成酥，签贴标牌样各殊。独有飞鹰推妙品，家家争买羡膏腴。”所谓“罐头牛奶制成酥”，这罐头里装的不是牛奶，而是牛奶的加工品——炼乳，“飞鹰”则是当时销售量较大的罐头炼乳品牌，也是英国人的买卖。至于中国人自办奶牛场和炼乳

▲ 20 世纪 30 年代，为上海市区居民提供牛奶的上海畜植公司门景

▲ 1930 年，上海牛奶公司送奶员出发前的留影

厂，那是20世纪20年代以后的事情。

据说有一个叫可的（Culeg）的法国人，一开始养了7头奶牛，所产牛乳专供驻沪的法国人饮用。这位可的先生雇佣了两名日本人做挤奶工，到1911年，由于经营不善，他不得不将公司转让给英国人记洛（Keylock）。记洛是著名的兽医，对奶牛饲养和防疫很有一套。他保留了“可的公司”的原名，发展势头不错，奶牛数量很快超过40头。1914年，适逢法租界“越界筑路”后不久，记洛在霞飞路上购置50多亩土地建造新的牛奶棚。这个地方就是今淮海中路高安路口的上海图书馆位置，新中国成立前此地一直被上海人称为“牛奶棚”。1930年，可的公司又引进挤奶设备，至1935年时，可的公司

已成为上海乳品业的龙头老大，配备现代化的消毒设备、自动洗瓶机、冷气储奶室等，有牛棚11处、牧场15亩、奶牛543头，且多为荷斯坦等良种奶牛，每日产奶9 000余磅，订户达6 000户，一直延续到1949年。

随着生鲜牛奶生产规模的扩大与市场需求的增长，牛奶本身的营养价值日益受到市场关注，至20世纪30年代初期，牛奶乳品业日益发展，市场需求持续增长，奶制品的价格逐渐下降，迅速进入普通食品店及南货店的货架。然而，牛奶价格毕竟不菲，上海普通工人一天的收入也不够买一瓶牛奶，叫一般劳工如何消受得起。所以，牛奶消费者群体仍然局限在租界中的外国人、买办阶层以及经济宽裕的中上等人家。一般低收入家庭喝不起，大部分上海市民并没有养成饮用牛奶的习惯。

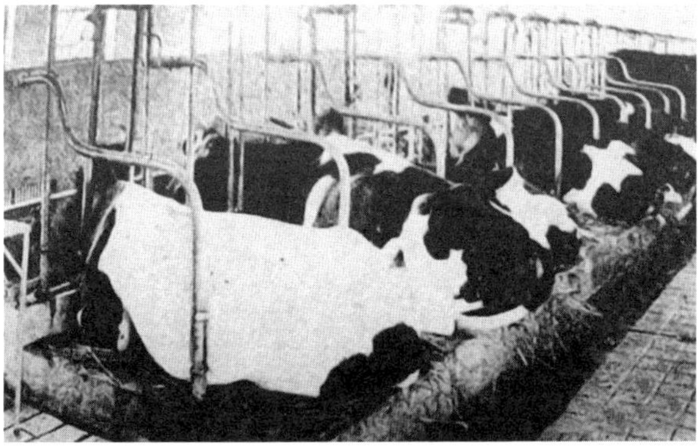

▲ 1932 年，上海畜植公司开设的牛舍，沪语俗称“牛奶棚”

▲ 1933 年，上海《良友》杂志上刊登的幼童喝牛奶图片

30年代上海的一些时尚期刊，如《良友》杂志曾花费大量篇幅介绍饮用牛奶的好处，介绍其生产、销售过程，许多有识之士将饮用牛奶与追求现代健康生活，甚至与提倡国货、挽回利权、强国强种等联系在一起。然而，能够消费得起牛奶的上海人家还是不多，一般普通市民只能将其视为偶尔一尝的“滋补营养品”。故在很长一段时间内，牛奶仍然显得极为小众。这一切只有在新中国成立后才有所改变，上海的牛奶业终于翻开崭新的一页。

▲ 晚清上海街头小店前买糖果的 3 个孩子，摄于 1861—1864 年间

一有饴糖偏觉甜

——糖果往事

晚清京城里有人写冰糖葫芦儿的《竹枝词》，其中特地提到“饴糖”的作用：“山楂开胃又消食，只恨味酸不好吃。一有饴糖偏觉甜，况复价廉真买的。山楂颗颗似红顶，穿成串串成极品。岂是近多卖官买爵人，红顶累累卖不尽。”看得出，这是一首讽刺诗，借用红山楂比喻清朝官员们簪戴花翎的一批红缨官帽，兜售不尽，来讽刺当时卖官鬻爵的腐败政治，实在让人捧腹不禁。饴糖虽然还不是糖果，但“饴糖”却是中国人古时对于“糖”的称呼。

糖的发展历史可追溯到三千年前，中国古书上出现“饴”字是在汉代，所谓“饴糖”也许就是最早的硬糖。中国曾是世界重要产糖国，19世纪中叶以前，糖一直是继茶和丝以外，清廷最大宗的外销品。鸦片战争后，中国蔗糖生产优势也随着清王朝的国势衰败而走向衰弱，由蔗糖出口大国变成进口国。糖业集散中心逐渐由原先的乍浦转移到了上海。晚清上海的会馆公所中，有糖商业团体组织，称为糖业公所，设在豫园点春堂内。每年元宵节集会一次，成为日后糖业公会的雏形。

自明清以来，江南的糖主要有两大类：一类是饴糖，“以糯米、麦芽为之”；另一类则是蔗糖，江南本地几乎不产甘蔗，蔗糖依赖闽、广、台湾等地输入。所以江南的糖业，饴糖占副食品中较大的分量，随着蔗糖北上，蔗糖代替饴糖的趋势也日益明显。

糖的消费，除了作为烹调作料以外，还有其他方式，统称糖食。明清时江南的糖果，已多以蔗糖为原料，名目繁多，汪曰桢《南浔镇志》卷廿四“物产”记载：清代前期“有葱管糖、寸金糖、芝麻糖、线版糖，又有浇成糖人及寿桃、鹤鹿之类”。《醇华馆饮食脞志》云：“晚清江南还有梨膏糖、什锦糖、牛皮糖、桂花糖、玫瑰糖、乌梅糖、松子糖等名目。”朱保熙《巴溪志》“工商统计表”说，民国年间江南各地市镇上的茶食店，一般都兼售糖果，专营的糖果店也很多。

从晚清到民国，江南的糖业也走过艰辛的历程。糖商业有“号”与“行”的区别，由“号”代外销商推销给“行”，再由“行”推销给办庄、零售商和外埠座商等。以上海糖号为例，据上海工商行政管

▲ 20 世纪 20 年代，上海冠生园开始生产软糖，有蛋白糖、奶糖、奶油太妃糖等品种，并很快成为沪上名品

▲ 20 世纪 40 年代，上海“老大房”食品商店，不仅出售罐头和西点，也供应糖果和蜜饯等

▲ 20 世纪 40 年代上海街头卖糖果的男孩

理有关志书记载：1930年5月，糖业公所改称上海市糖业同业公会。1937年，上海沦陷后，日伪统治者组织了糖商合作营业处，对食糖实行配给制。当时黑市投机盛行，上海五马路（今广东路）上已形成了畸形的糖市场，由经营糖业的批发商、零售商、改制糖厂、行商和经纪人组成。参加交易的批发商有350家，行商40余人，经纪人60余人。抗战胜利后，国民政府控制了上海糖市场，对糖商延续配给制，还实行严格的限价政策，以取缔囤积为由，迫使糖商把高价购进的存货按限价发售。

在“实业救国”的背景下，上海首先出现了一些近代民族机械制糖果厂。1915 年新春来临，老城厢九亩地露香园路（今大境路），新开了一家叫冠生园的小小食品店，它的创始人冼冠生从一个马路边摆摊的小商贩起家，在激烈的市场竞争中，从生产“杏花奶糖”起步，为糖果生产作出了有益的尝试。1920年，开利糖果食品厂最早在上海机器化生产五色丝光糖、果汁味硬糖，丝光糖以散装为主，果汁味硬糖以蜡纸包装，较散装卫生，果汁味硬糖因具有各种水果味道及颜色，又被称为水果糖或什锦硬糖，一经问世，很受欢迎。

糖果生产投资不大而获利颇丰，令诸多新糖厂蜂拥而起，20世纪30年代，主要生产硬糖的大乐糖果食品股份有限公司，就以生产棒糖、卷头糖为主。抗战胜利后，天明糖果厂开始研制新产品润喉止咳糖，该产品以桉叶油、妥路酊、麝香草、薄荷脑等配制，清凉爽口，舒喉醒脑，特别是在夏季，更受欢迎，且保存期长，适于四季销售。

20世纪20年代，上海生产的软糖，品种很多，主要以蛋白糖、奶糖、太妃糖为主，其中冠生园生字商标的奶油太妃糖，最为著名。30年代初期，软糖生产有天星厂星牌奶糖，美商海宁洋行甜心牌奶糖和太妃糖，沙利文的各种蛋白糖、奶糖、太妃糖。全民族抗战初期，糖果生产因原料匮乏而一度疲软。至于尽人皆知的“大白兔”奶糖的出现，则是新中国成立以后的事情了。

密聚如林之梅海

——罐头寓意

《齐民要术》已经有一种食品罐藏的瓮肉之法：将肉“和讫内瓮中，密泥封头”和“一层鱼、一层饭，手按令紧实，荷叶闭口，泥封勿令漏气”的做鱼鲊方法。这实际上已经触摸到常温下罐藏食物的原理，但由于古代社会缺少工业化食物储藏的门径，还谈不上适应规模化的近现代工业步伐。

19世纪后期，南方一带许多劳工出洋谋生，长途劳顿，为解决吃饭问题，出发前人们将家乡出产的鲮鱼煎过，加上一些下饭味美的豆豉，以豆油浸泡，放在瓦罐中随身携带，以防止变质腐烂。当时有商人瞅准其中商机，以此组合来保留原汁原味，于是就有了罐头食品的萌芽。

20世纪初，西方出现了金属罐装和玻璃瓶装的罐头食品，并开始向世界各国推广。由于玻璃瓶和金属罐头也存在明显缺点，于是，1940年国外开始了非金属罐头的研究，从此，包装界就有了隐身包装——软罐头的身影。第二次世界大战中，罐头食品成为重要的军事物资，而参战各国根据国力和地域不同，也都积极研发军用罐头，战后世界经济的大发展，要求军民产品结合，于是，软罐头开始走进普通百姓的生活。

▲ 20 世纪 30 年代，泰康罐头食品有限总公司

罐头在清末从西方传入我国，根据它的发音和外形，谐音译为“罐头”，作为一种舶来的食品样式，逐渐广为人知，也刺激了中国罐头工业的发展。1906年，泰丰罐头食品制造厂在上海成立，次年发展为泰丰罐头食品有限公司。自清宣统三年（1911）至民国四年（1915），该公司产品先后参加意大利都郎（今都灵）博览会、荷兰三宝珑赛会、东京大正博览会、美国巴拿马赛会，小吕宋“嘉年华会”，获得各种奖牌。泰丰公司遂名声大噪，营业蒸蒸日上，成为民族食品工业佼佼者。

▲ 1933 年，梅林罐头食品总厂在虹桥路 808 号新建厂房落成，并改组为股份有限公司，图为公司创办人屠开泰与德国工程师等合影

1923年，上海冠生园罐头食品出品。1930年7月，鼎鼎大名的上海梅林罐头食品厂成立，

“梅林”寓意“独先天下而春，密聚如林之梅海”，用“金盾”作商标，意谓像金盾一样抵挡当时在中国罐头市场上称王称霸的外国罐头。此后，“梅林”一直根据消费者的需求，研发符合家常菜必备的中国特色罐头，没多久就推出了我国自行生产的第一罐番茄沙司罐头，沪上各个西餐馆也订货颇多。罐头公司纷纷崛起，在十里洋场掀起了罐头食品的浪潮。

从1927年至1936年，所谓的“黄金十年”，是中国罐头食品发展较快的时期，各地罐头厂商纷纷涌现，从上海、苏州等沿海城市向全国发展，各地也相继推出自己的主打罐头食品。生产的罐头种类包括牛肉、羊肉、鸡肉、鸭肉、海鲜水产、饼干及酱汁多个类别。其中红烧扣肉、红焖牛肉、红烧鸡、油焖笋尖、四鲜烤麸、五香禾花雀、凤尾鱼等罐头食品的质量与味道，就连一向挑剔的洋人都赞不绝口。

▲ 20 世纪 30 年代，上海两个穿中山装的青年路过一家罐头食品商店

如泰康罐头食品凤尾鱼行销各地，并走向世界，“凤尾鱼”，上海人称“烤仔鱼”，或许是因为吃这道菜的最佳时节是每年春末夏初凤尾鱼产仔之季而得名。

罐头用料十分讲究，为保证鱼的新鲜度，一般要求从捕捞到车间加工不超过24个小时。罐头行业是农副产品加工中的重要产业，也是我国传统的出口行业，长期以来为国家出口创汇、繁荣城乡经济、保证军需等方面都作出了较大贡献。

▲ 1945 年，美国大兵在上海展示战时紧俏物资——专供美国军人的罐头

考非何物共呼名

——咖啡译名

1909年《海上竹枝词》中就有描写咖啡的诗句：“考非何物共呼名，市上相传豆制成。色类沙糖甜带苦，西人每食代茶烹。”句首的“考非”，指的就是作为饮料的咖啡，说明在民国成立的前夕，咖啡就已经在上海登堂入室。来自三江五湖，甚至操着各地方言的中国人，对西方传来的咖啡，有不同的称谓和译法，实在是再正常不过的事情。

查《明清俗语辞书集成》所收的几种清中叶至清末的字书、辞书，大抵都没有咖啡的记载。据明代广东南海人郭裴所著《广东通志》记载：“外洋有葡萄酒……又有黑酒……云此酒可消食也。”所谓“黑酒”饭后饮用能帮助消食云云，应该指的是咖啡。但郭氏所记地点是不是西人在广东饮用？也无从考证，只能存疑。倒是清同治五年（1866）上海的美国传教士高第丕夫人出版了一本《造洋饭书》，这本书是为来华的外国人吃西餐和培训中国大厨而编写的，书中除了把coffee音译成“磕肥”之外，还讲授了有关烧煮“磕肥”的方法：“猛火烘磕肥，勤铲动，勿令其焦黑。烘好，趁热加奶油一点，装于有盖之瓶内盖好，要用时，现轧。”根据这个记载，可知中国人品尝饮用咖啡可能始于清同治年间（1862—1874），出现经营

▲ 上海金陵东路溪口路口由南往北拍摄 FRISCO 咖啡馆等。这条南北方向的小路原名朱葆三路，抗战胜利后改称溪口路

▲ 1933 年，开设在兆丰公园（今中山公园）对面的惠尔康咖啡馆

▲ 1935 年，在咖啡馆里喝咖啡聊天的鲁迅与青年

性的咖啡馆则在清末。

中国人对于西来的咖啡该如何"共呼名"？从史料文本来看，咖啡常见的其他中文译名大致有以下多种：噶啡、磕肥、加非、噶菲、考非、茄菲、枷榧、琲、高馡……有人甚至说有二十几种。民国时期的书文报章，咖啡早期的译名确实比较混乱，因为都是采用音译，读音上比较接近，人们也就知会达意了。但在进入民国后，基本稳定在"咖啡"这个名字上，其根据是《清稗类钞》和《中华大字典》都记载了"咖啡"这个词。据民国徐珂《清稗类钞》四十七卷"饮食类"记述："饮咖啡：欧美有咖啡店，略似我国之茶馆。天津上海亦有之，华人所仿设者也。兼售糖果以佐饮。"徐珂所叙或许也是参考了或直接采取了大量清人笔记，可推断饮咖啡作为一种时尚出现在清末，当没有疑问。陆费逵、欧阳溥存等编《中华大字典》载："咖啡，西洋饮料，如我国之茶，英文'coffee'。"该书于1909年开始编纂，1914年编成，1915 年由中华书局出版。《清稗类钞》虽然编

纂有年，但最终于1917年11月在上海商务印书馆初版，时间上可能稍晚于《中华大字典》，两部书互有借鉴，几乎都确定了“咖啡”一词的名称定义。此后，20世纪30年代出版的《辞源》也收入了“咖啡”一词，解释颇为周详。看来“咖啡”一词是在民国时期定型，进入汉语词汇库并固定下来，并沿用至今。

▲ 中国左翼文艺家联盟的思想摇篮——上海虹口公啡咖啡店建筑旧影

▲ 20 世纪 40 年代，上海开设在街头的露天咖啡茶座

咖啡馆如雨后春笋般在上海滩大量涌现，差不多是20世纪二三十年代的事情，特别是30年代，老上海的咖啡馆不仅是喝咖啡的场所，更像是城市中的“公共空间”、城市“思想办公室”。各种咖啡馆渗入租界商圈的各个角落，品种有意式浓缩、法式欧蕾、美式黑咖、爱尔兰咖啡酒、希腊法拉沛等。在中西文化碰撞的氛围下，也衍生出了独特的上海味道。上海人爱喝咖啡已经形成习俗，甚至在40年代，咖啡真正进入上海普通市民的日常生活。抗日战争胜利后，前门拒虎，后门进狼，美国军用品、救济品大量运抵上海，罐装咖啡进入上海市场，倒也平抑了咖啡的价格。普通上海人也喝得起咖啡了，这对于咖啡在上海的普及起到了推动作用。不过那时所谓“奶咖”并不用牛奶勾兑，而是用美国炼乳调制。价格低廉了，喝的人也就多了，以致出现闹市通衢路边的“咖啡茶座”，让普通百姓可以在路旁坐着歇歇脚，喝喝咖啡聊聊天，进行多元化的思想交流。咖啡文化在上海不仅蔚成风尚，而且成为海派文化的一种表征，彰显出了新的时代内涵和价值。

▲ 20 世纪 30 年代，糖果、饼干、罐头、面包、蛋糕等西式食品逐渐融入日常生活。图为上海某外侨经营的饼干店

饼师手段竟如何

——茶食饼干

“饼干”这个词，不见古汉语记载，也是近代以来从西方引进的一个名词，1925年5月发表于吴江地方报纸《新盛泽报》上的《盛泽食品竹枝词》云：“节令时逢食品多，饼师手段竟如何。南郊今日方迎夏，粉饵和同新麦搓。”这就是说，江南传统的饼都是麦磨成粉，再和入少量米粉，用夹砂糖作馅成饼，所以质量味道全凭制饼师傅的手艺。然当江南传统之“饼”遭遇西方机器生产的饼干，定义就发生变化了。《汉典》对它的定义是：“以面粉为主要原料烤制而成的片状西式点心。”饼干的词源是“烤过两次的面包”，是从法语的bis（再来一次）和cuit（烤）而来。它是用面粉和水或牛奶不放酵母而烤出来的，可作为旅行、航海、登山时的储存食品，在战时用于军人

们的备用食品。起初它以手工形态传播，西方产业革命以后因机械技术的发达，饼干的制作设备及技术迅速发展，扩散到全世界各地，其种类颇多，如饼干（Biscuit），曲奇饼干（Cookies），苏打饼干（Cracker）和比萨饼干（Pizza）等。

在江南地区，人们认为这是由茶食衍生出来的饼饵，是饼类食品的总称。《清稗类钞》“饮食类”认为饼饵是从金代起形成的习俗，是人们饭后茶余的“茶食”：“俗于热点心之外，称饼饵之属为茶食。盖源于金代旧俗，婿纳币皆先期拜门，戚属偕行，男女异行而坐，进大软脂、小软脂蜜糕人一盘，曰茶食。”江南吴地风俗“婚嫁、弥月、祝寿、高升、迁居等宴请必以茶点款待宾客”，“故例，以茶款客，必佐以细碟敬事，内设糕饼之属，故谓之茶食”。苏州茶食正是源于吴地的这种礼俗，从明清时期起，独具特色的苏式系列可以说是饼干进入中国之前的“茶食”。

▲ 民国上海南京路街景，有 1914 年创立的“泰康饼干”等知名老字号

▲ 1942 年，上海街头有许多供应洋酒罐头和糖果饼干的寻常小店

当传统茶食之“饼”一旦与工业化的机器饼结合，效率是手工饼饵不能比拟的，所以上海开埠后，饼干是最早引进生产的外来食品之一，起初虽也曾发生江南饼饵与洋饼之争，但因洋饼更能牟利，还是有实业家将它引进。1906年，南洋爱国华侨、实业家王拨如在上海苏州河边的小沙渡路购地建屋，置备新式机器，高价聘请德国工程技术人员，成立泰丰食品制造厂，专门生产各种规格的听装“双喜”牌饼

干，投放市场，深受消费者的欢迎。

不久泰丰食品公司生产的饼干、罐头等产品，参加了1911年在意大利都郎（今都灵）举办的世界博览会，获得优等产品奖。此后又分别参加1915年和1926年在美国举办的世博会，都在饼干产品上拔得头筹。此后泰丰食品公司与其他两家后起之秀——泰康食品有限公司和冠生园食品公司，形成了上海现代食品加工行业的三足鼎立之势，惜乎日本侵华，全民族抗日战争开始，打断了现代食品业发展进程，泰丰也只能就此歇业。

其实，饼干市场一直存在激烈竞争，1923年，冠生园组建股份有限公司，集资10万元，饼干产量有了新的突破，1925年，沙利文于美国华盛顿注册为美商沙利文糖果饼干股份有限公司，1928年，泰康股份有限公司也生产福字牌饼干。到20世纪30年代初，泰康、沙利文于1931年同时向英商培克公司购买全套制造饼干的机器设备，次年调试生产。为提高产品质量，泰康厂从英国聘请技师，沙利文从美国聘请技师。同年，泰康金鸡牌饼干问世，金鸡取“经济实惠”之谐音，1933年香港马宝山股份有限公司，在上海办厂生产饼干，主产苏打饼干，以口味咸淡适中、酥松香脆而闻名，并与泰康、冠生园成鼎足之势。30年代中期，饼干已形成四大系列，在产品包装上也有简易蜡纸包装、透明纸包装、纸盒蜡纸包装、马口铁罐头包装等，均受到市场的欢迎，抗日战争胜利后，泰康食品推出华夫夹心饼干，品种有玫瑰夹心、可可夹心、橘子夹心、柠檬夹心等，华夫饼干甜度适中，上口松脆，颇得消费者好评。

▲ 1942年，一名儿童正在食用饼干，该罐头饼干的生产厂商为“康生奶包饼干糖果厂”

▲ 100 多年前，上海最时髦的汽水——正广和汽水在韬朋路（今通北路）诞生

荷兰冰水最清凉

——汽水饮料

1768年，英国化学家普利斯特莱首次将二氧化碳直接溶解在水里，于是出现了第一瓶具有现代意义的汽水。清同治年间（1862—1874）汽水传到我国，时招隐山人《申江纪游》竹枝词云：“荷兰冰水最清凉，夏日炎炎竞爱尝。中有柠檬收敛物，涤烦祛秽带琼浆。”什么是“荷兰水”？徐珂的《清稗类钞》专门有“荷兰水”条：“荷兰水，即汽水，以炭酸气及酒石酸或枸橼酸加糖及其他种果汁制成者，如柠檬水之类皆是。吾国初称西洋货品多曰荷兰，故沿称荷兰水，实非荷兰人所创，亦非产于荷兰也。今国人能自制之，且有设肆专售以供过客之取饮者，入夏而有，初秋犹然。”荷兰水与荷兰无关，说得很明白。

早期在上海，生产汽水的企业分别是英国的屈臣氏大药房和德国

▲ 20 世纪 30 年代，上海几名女性聚在一起品尝西式冰点

的怡泉。晚清文人葛元熙《沪游杂记》卷二也提到晚清时上海卖汽水的情景："夏令有荷兰水，柠檬水，系机器灌水与汽入于瓶中，开时其塞爆出，慎防弹中面目。随到随饮，可解散暑气，体虚人不宜常饮。"西方人的汽水占领中国市场，中国商人不能忍受这种利权尽失的局面，清咸丰元年（1851），上海药房最早生产饮料，但规模极小。清光绪年间（1875—1908），除屈臣氏大药房和德国的怡泉之外，先后还有大英医院和老德记药房生产少量汽水。

上海曾经最负盛名的正广和汽水，名字好像很"中国"，却是很典型的舶来品。1864年，英商史密斯在当时的上海英租界内（今福州路44号）创办广和洋行，主营洋酒和汽水业务。过了十多年，分别叫考尔伯克和麦克利格的两个英国人加盟广和洋行。不久，史密斯单飞，在九江路另创老广和洋行。考、麦二氏则将原洋行更名为正广和洋行以示区分。在虹口提篮桥附近建正广和汽水厂，1893年建成投产。当时考、麦二氏以西方人盛行的星座名“AQUARIUS”（中文的意思是“宝瓶座”）命名，意谓用宝瓶盛装“圣水”。

1914年编订的《江苏省实业行政报告书》“江苏独资商业志册表”记载：“滋德堂营业荷兰水，厂址设在苏州青旸地二马路，资本8 000元，出资人徐培基，创设于光绪二十四年（1898）四月。注册日期为光绪三十一年（1905）九月。”创办于1906年的苏州瑞记公司和创办于1909年的上海惠华汽水厂，也是由国人开办的比较早的汽水生产商。1918年，原英商屈臣氏汽水厂转让给中国人郭唯一独资经营，后来上海精武体育会也曾盘下屈臣氏汽水厂自主经营，这些都是国人经营汽水业之先驱。

20世纪20年代，各大报刊上正广和频频亮相，成为上海滩最时髦的饮料品牌。1921年，工厂迁址今通北路400号扩充新建。1930年底，正广和成为国内最大汽水厂。

这世上的道理，有盛就有衰。30年代日本侵华，正广和汽水厂先被日军征用，后由汪伪政府接盘。1945年8月，正广和汽水厂重新回到老东家的手中，可是经过战争的摧残，工厂已经是千疮百孔，满目疮痍，直至1949年上海解放。

1927年，上海街头悄然出现了一种饮料——“蝌蝌啃蜡”，这个有着古怪名字的饮料就是可口可乐，棕褐色的液体、甜中带苦的味道，以及打开瓶盖后充盈的气泡，让不少人感觉到既好奇又有趣。翌年这家公司获得了迄今为止被广告界公认为翻译得最好的名称——可口可乐。一位上海教授击败了所有对手，拿走了奖金。它不但保持了英文的音译，还比英文更有寓意。更关键的一点是，无论书面还是口头，都易于传诵。这是可口可乐步入中国市场的第一步。1949年随着美国大使馆撤离，可口可乐也撤出了中国大陆市场，当它再度踏上中国大陆市场已经是1979年了。

▲ 20 世纪 30 年代，上海一群女子聚餐后吃甜品冰淇淋

从晚清上海开埠以后，在上海生活的西侨多了起来，国外一

些食品制造技术也逐步进入上海，并向江南周边城市传播，上海的冷饮类食品出现的时间当在20世纪初。1916年8月4日《申报》的一则广告将冰淇淋写为“冰忌淋”，最早进入上海市场的美商洋行之一沙利文糖果行，堪称上海最早的冰冻冷饮食品工业企业。

▲ 20世纪30年代，海宁洋行的美女牌冰结涟在上海刊登广告，该产品曾占据70%的市场份额

英语“ICE CREAM”译成汉语“冰淇淋”，属于前一半意译、后一半音译的组合，翻译过来就是冰加“淇淋”。后来还有一种“冰结涟”的译法，不过最终还是“冰淇淋”叫开了，也更受大众的欢迎。1926年，一家由美国人开设的海宁洋行，在上海正式引进冷饮机器设备，开始生产冰淇淋，从此也缔造了中国第一家机器冷饮厂，每天产量在两三千支冰棒。1932年，由于冰棒的销量很好，海宁洋行又从美国引进了冰淇淋设备，开始大规模生产冰淇淋雪糕，成为中国第一家雪糕厂，也推出了中国第一个冰淇淋品牌，而且给它取了一个十分香艳的名字——美女牌。

此后美女牌冰淇淋几乎垄断了中国的雪糕市场。直到新中国成立后，海宁洋行被收为国有，改名上海益民食品一厂，冷饮才有了中国人自己的品牌“光明”牌冷饮，寓意光明照亮中国，商标的中间则设计为一把熊熊燃烧的火炬，周围光芒四射，如旭日喷薄。

第七章

传统饮食的流风余脉

从晚清到民国，东西方饮食文化在接触碰撞中，中国原有的传统饮食观念、饮食习惯和饮食风格，受到了西方以近代科学为标志的营养理论与文明观念的挑战。鸦片战争后，江南各地的饮食文化开启了检讨反省和扬弃整合的新时代。

随着近代江南和太湖流域各地中西饮食文化的频繁交流，人们日益感受到饮食与民族文化的相互成就。传统饮食不仅仅是厨房里具体菜肴的操作，更是涉及餐饮文化体系结构的变革与创新图强，包括烹饪工艺、饮食结构、营养卫生、菜肴质量等，都蕴含着中国人深邃的心理、宗教、民族、民俗、文学、历史等文化结构的深度解析，对饮食体系中某些元素的重新组合，提出新的理论，开始注意营养和卫生，也开始翻译西方的烹饪著作，然后又从烹饪原理和食物化学的角度来对传统烹饪方法进行理论分析，出现了一批对食物成分和烹饪理论进行研究和分析的专著与论文。那个年代，这些研究成果帮助不少企业家和商店店家积极关注中西饮食的差异，推动中国博大精深的饮食文化站上与世界同步的起点，向着现代化的饮食不断自我完善和革故鼎新。

当然，在东西方饮食文化交流与融合的过程中，也不是全盘吸收，而是经过筛选、消化，吸收对自己有用的东西。中华传统饮食文化的广博内涵，涉及食源的开发与利用、食具的运用与创新、食品的生产与消费、从业者的服务与接待、餐饮业与食品业的经营与管理，以及饮食与国泰民安、饮食与文学艺术、饮食与人生境界的关系等。中国人世世代代在饮食活动过程中形成的饮食品质、审美体验、情感活动、社会功能等所包含的独特文化意蕴，反映了饮食文化与中华优秀传统文化的紧密联系。这些流风余脉，仍然要代代传承，发扬光大。

与此同时，与农时、地利、特产结合的传统饮食习俗，以植物性食料为主的特色；以热食、熟食为主的饮食特点；食谱广泛、烹调技术精致的特质；聚食制的长期流传，乃至酱园调味、腊味醇厚、冬月腌菜、豆腐玉脂、南货咸货、蜜饯果脯、时令水果、干果炒货、膨化食品等，在近代以来都取得了长足的进步与发展。

▲ 清末上海的酱园

物美争尝共认牌
——酱园溢香

柴米油盐酱醋茶，开门七件事，缺一不可。江南各地普遍种植油菜，是民众食用油自给的基础，但由于榨油所需的设备工艺都较复杂，即使产出的油菜籽足够多，一般也做不到食油的完全自给。民众普遍还有食用酱菜的习惯，酱油和醋的消耗量应该都不低。这就要说到江南的“前店后作坊”的酱园业了。

遍布江南的古镇几乎都有酱园，高大的白墙上“酱园”两个黑色大字特别醒目，店堂内悬挂着“官盐”“官酱园”烙牌，说明是经官

▲ 清末民初，地处新闸路卡德路（今石门二路）的永泰官酱，俗称“酱园处”。1908 年后，上海电车开通经过这家酱园处门口

府盐务管理部门批准设立的。凡酱园都有一定数量的酱缸及相应的场地和原料库房，一般都是自产自销为主，兼营批发，春夏投料，自然发酵，天然暴晒，冬季是一年中的销售旺季，有“三春靠一冬”之说。一般酱园雇工，少则十来人，多则数十人，作业方式主要靠手工操作。生产工具原始简单，除了房屋、场地，工人成天与大缸、竹匾、木榨、扁担、木桶、榨石等打交道。

有的酱园还兼营其他食品，如浙江海宁最大的酱园之一，还出产五香排骨，虽然不入菜谱，而是零吃的杂食。上海大名鼎鼎的冯万通酱园，来自浙江海盐，太平天国起事后，老板冯缵斋及冯氏家族商定，将该园资金、货物、生产工具等部分移至海盐城内小栅桥重开万通酱园；并且移来上海，清咸丰十一年（1861）在小东门集水街（今东门路）买平房20间及空地。次年即创建冯万通酱园，后又于光绪二十九年（1903）在相距500米的豆市街和花衣街买土地11.7

亩，还与徐松盛、万祥酱园合资在卢家湾买地建房办协记酱栈，不断扩大经营规模。到1949年，光是上海市区就有大小酱园67家。分本帮、盐帮（海盐）、宁帮（宁波）三个体系。本帮生产老抽酱油为主，讲究色红；盐帮注重三伏晒油、套油；宁帮生产生抽酱油见长。其中盐帮酱园家数占行业之首。一般较大且有实力的酱园同时兼有酒作（酿造黄酒）、醋作、乳腐作等，一业为主多种经营，如徐松盛、万和、万隆等酱园，皆是如此。

《沪江商业市景词》云："制成酱菜味多佳，物美争尝共认牌。茄菔瓜姜都可口，生涯热闹几班排。"生活在稻米产区的江南人，除了经常啜粥，还要吃泡饭，又称"饭泡粥"，多以酱菜佐餐，以黄瓜、萝卜、芣蓝、嫩姜、蒜头等原料腌制，需求量很大。《上海志》

▲ 1943 年，上海街头向酱园运送油篓的独轮车

▲ 20 世纪 30 年代，江苏镇江醋坊和酱园前街道上人流摩肩接踵

▲ 20 世纪 40 年代，上海街头的酱油店

记载，清道光二十年（1840）沪上有酱园江万兴等六七家。随着人口逐渐增多，市场也渐次繁荣，上海市民的消费需求与日俱增，上海周边的浙江海盐、平湖，江苏太仓等地一些工商业人士，纷纷入驻上海滩，酱园和酱作坊在上海也逐渐多了起来。民国时期著名诗人徐志摩的祖父徐星匏就是浙江海宁裕丰酱园的经营者，到了徐志摩父亲这一辈逐渐发扬光大。

腊肉腌菜尽出缸

——腊味醇厚

温婉的江南，尽管没有湘西腊味的烟熏火燎，没有四川腊味的麻辣与柏香，也不像粤式腊味飘着的淡淡酒香……但也有粗犷的腊味。农历十二月，又称腊月，一般小雪节气后，人们就开始了腌腊食品的忙碌。民国年间一些大的市镇上，经营鱼肉和腌腊制品的商店很多。

▲ 清咸丰年间创立的万有全腌腊熟食总店，除了经销金华火腿、咸肉、板鸭、风鸡外，还经营冬笋、扁尖、海味等南北货

▲ 20 世纪 30 年代，江南地区的腊味食品摊点

清人叶调元《竹枝词》云：“仲冬天气肃风霜，腊肉腌菜尽出缸。生怕咸潮收不尽，天天高挂晒台旁。”描述的就是清代中期仲冬时节人们腌制晾晒腊肉腌菜的情形。

据《吴江文史资料（十）》记载，20世纪30年代同里镇有鲜鱼、鲜肉店10余家，腌腊业4—5家，熏腊业2—3家，全民族抗日战争前盛泽古镇有鲜肉店21家、鱼行8家、腌腊店13家；震泽镇有腌腊业9家、猪行2家、羊行2家、肉店21家、鱼行9家、鸡鸭行3家、蛋行2家。据1935年国民政府实业部《经济统计年鉴》记载，小一些的市

▲ 20 世纪 40 年代上海的火腿店

▲ 20 世纪 40 年代，上海的一家腌腊店，香肠和腊肉应有尽有

镇，如昆山巴城镇，有鲜肉店6家、鲜鱼店4家、咸腊店2家。盛泽镇的腌腊业在1937年仅咸肉一项年销售量就达到2 400担以上。从这些记载中可以看出江南地区一般民众荤食的普遍状况及腌腊制品在其中大致所占的比例。

江南地区消费的腌腊制品，有很大一部分是由周边地区供给的。据实业部国际贸易局《中国实业志》浙江省第四编第十四章记载，20世纪30年代浙江金华、义乌、兰溪等是火腿、风肉的主要产地。当地所产生猪中，约50%用于制作火腿。1931年这些地方共产火腿81 400个、风肉约20 355担。这些产品大部分用于供应杭州、上海等地市场。金华火腿早已声名在外，但据说最早的火腿在皖南。跟机器加工的金华切片火腿不一样，皖南很多村子还盛产手工腊肉。腌制一个月，然后反复暴晒。有人说，这样的腊肉才更香，一切开，刀和砧板都是香的。

民间素来有“冬腊风腌，蓄以御冬”的习俗。一般人家在小雪前几天就开始准备腌制咸肉，将食盐炒热，用盐把肉擦拭一遍，挂起来晾干后取下放在一个盆里，加入生抽、老抽、白糖和白酒，腌透后，将这些腊味一一取出，挂在前院屋檐下，直到风干，猪肉、青鱼都是此时段腌制最佳，满月后挂出来晾晒。过年时，餐桌上最受欢迎的菜肴，如火腿烧冬笋、腊鸭烧黄豆、腊鱼烧肉、腊鸡烧板栗……从正月初一到初七，可以每天变换着品尝腊味。

安昌古镇位于浙江绍兴，隐匿在江南水乡有久远的历史，名头虽不及那些专供旅游观光的热门古镇响亮，却保存着古吴越地区沿袭千百年的民俗风情，每到隆冬腊月，安昌古镇家家户户为过年做腊味，制作、晾晒绍兴特色酱货，使安昌成为浙江最具年味的地方之一。

浙江金华的火腿腌制，始于唐代。唐开元年间（713—741）陈藏器撰写的《本草拾遗》载：“火腿，产金华者佳。”距今已有1 200余年历史。还有一个与宋代抗金名将宗泽有关的传说。宗泽是浙东乌伤（今义乌）人，他曾把家乡的“腌腿”献给朝廷，康王赵构见其肉色鲜红似火，赞不绝口，赐名“火腿”，故又称“贡腿”。后辈为了纪念宗泽，把他奉为火腿业的祖师爷。

明代，金华火腿产量已达10多万只，成为当地主要特产和官府必征的物产之一。到了清代，火腿制作遍及金华各地，别名也颇多，有直白通俗的“烟蹄、熏蹄、腌腿”等，也有雅致脱俗的“兰熏”。而到了清末民国时期，火腿的技艺传承也丝毫没有受到动乱的影响。咸丰九年（1859），东阳县（今浙江省东阳市）上蒋村作坊主蒋雪舫继承祖辈技艺，改革工艺，精于制腿，品质特佳，号称“雪舫蒋腿”，名闻遐迩。蒋氏后裔善于经营，每年运销时节都在报纸上刊登广告，大力宣扬“金华火腿出东阳，东阳火腿出上蒋”，广招宾客，名扬四海。

晶盐透渍打霜菘
——冬月腌菜

旧俗农历十月，江南农家要进入腌菜的时节了。民间俗谚有“小雪腌菜，大雪腌肉”之说法。农妇将经霜的青菜，抑或矮脚塌棵菜、长梗菜等去菜心后加以腌制。立冬后，田家争掘此菜，盐藏缸瓮，为过冬旨蓄。《清嘉录》说：“比户盐藏菘菜于缸瓮……呼为‘藏菜’，亦曰‘盐菜’。”藏菜，盐菜，通称腌菜，或加萝卜条，撒盐紧压入缸，过冬不坏，称“春不老”，就是将菜叶用盐渍放入缸瓮或

▲ 20 世纪 40 年代，上海宝山县（今宝山区）小雪节气，一位老者正在做腌菜的准备工作

▲ 苏州昆山的腌菜苋，吴语也叫“阿婆菜”

瓶中，倒埋于灰窟，在冬至开缸，以备在岁冬时食用。清代张履祥等人撰《补农书校释》记载，明末清初嘉兴和湖州地区农业生产的沈氏《农书》“逐月事宜”中提及的腌菜种类，可谓林林总总：三月，腌芥菜；四月，腌青菜；五月，腌梅子，熏杨梅；六月，合酱，买菜瓜入酱，做瓜干，做豆豉；八月，腌菱拇；九月，糟茄酱，烘青豆；十月，腌菜干，做萝卜菜干；十一月，踏盐齑菜。农家对腌菜的依赖，主要是由于蔬菜生长具有强烈的季节性，不能保证新鲜瓜菜的平稳供应，冬春尤其如此。因此冬月里利用菘菜（即白菜）、萝卜等制作腌菜，以便冬季有菜吃，这成为江南农村岁时一项重要活动。

明人莫旦在《苏州赋》中称腌菜“比屋盐齑，为御冬之旨蓄”。吴曼云诗云：“吴盐匀撒密加封，瓮底春回菜甲菘。碎剪冰条付残齿，贫家一样过肥冬。”袁景澜《吴郡岁华纪丽》卷十“盐菜”记载：苏州一带每年至十月，农家即将菘菜“盐藏缸瓮，为御冬旨蓄。或去其心，名为藏菜，亦曰盐菜。有经水浸而淡者，名水菜。或可断菜心，或并缕切萝卜条，撒盐紧压入瓶，倒埋灰窖，过冬不坏，名春不老”。

“小雪腌菜”是江南民众长久以来的民间习惯，其中蕴含着丰富的文

▲“腌金花菜”是江南一道传统风味小吃，图为苏州乡村卖腌金花菜的老婆婆

化意义。

“雪里蕻”，老百姓又称它“雪菜”，是江南农家最普通的食材。民国时期，运输条件落后，也没有当今“大棚蔬菜”可提供那种反季节菜品，民众也不会施用化肥，雪里蕻就是冬日里民众解决吃菜急难的一种补充。“蕻”的意思是蔬菜的“茎”，也有茂盛之意。雪里蕻，一如其芳名，气候越是寒冷，它越是像梅花一样斗霜傲雪。然而，新鲜的雪里蕻有一股辛辣味，所以江南人家大体将它腌着吃。至

于腌菜的过程，清薛宝辰《素食说略》云：“白菜拣上好者，每菜一百斤，用盐八斤。多则味咸，少者味淡。腌一昼夜，反覆贮缸内，用大石压定，腌三四日，打稿装坛。”清蔡云《吴歈》云：“晶盐透渍打霜菘，瓶瓮分装足御冬。寒溜滴残成隽味，解酲留待酒阑供。”清袁景澜《吴中岁华纪丽》卷十收录许青浮《腌藏菜》诗云：“瓮中忽忆冬菹绿，一寸霜茎抵寒玉。”关于“腌菜”的文字记载，可谓史不绝书。

过一个冬天，甏里的雪里蕻会随着夏天的到来而得到充分发酵。撕去封口，但见雪里蕻颜色黄亮，取一株，洗一洗，满屋都是沁人心脾的乳酸香。到夏天，人们胃口不佳，这腌制好的雪里蕻“陈久愈佳，香能开胃，最益病人”。

▲ 1947 年，江南的缸市，吴方言称“缸甏”，既可做水缸储水，也可用来腌菜

▲ 清末江南一处豆腐坊正在磨豆子，这处豆腐坊里干活的都是少年郎

清泉玉脂豆花香

——豆腐制品

大豆古时称“菽”，对于豆腐在中国的起源，学界有不同的说法，一说是“豆腐之法，始于汉淮南王刘安”，一说豆腐在五代时才被人发明，宋代寇宗奭撰《本草衍义》持此说，第三说认为五代末才有豆腐，有机化学家和化学史家袁翰青院士持此说。日本学者筱田统也持这个观点，认为北宋陶穀所撰《清异录》中有“为青阳丞，洁己勤民，肉味不给，日市豆腐数个”。然而《清异录》是笔记小说，尽管保存了不少文化史和社会史方面的资料，能否支撑起“豆腐起源说”却很可怀疑。以炼丹为毕生所求的淮南王刘安，门下方士过千，用石膏和盐卤沉淀大豆

蛋白的技术和炼丹的化学反应似有相通；汉代时制作豆浆的石磨在长江中下游地区也已经被普遍使用——工艺、技术和设备都已具备，对于淮南王刘安为豆腐发明者这一观点，我们可以不持怀疑，但关于豆腐起源地，学界仍希望能发现更多的证据。

事实上，现在许多史料证实，豆腐只有到宋代才真正开始被人们广泛食用。南宋诗人陆游在《老学庵笔记》里记载了一位爱吃蜜的长老，专喜欢用豆腐、面筋之类蘸蜜食用，常常与同样爱好吃蜂蜜的苏轼一起分享吃蜜心得。后来被苏轼写进诗里，便有了著名的《安州老人食蜜歌》。吴自牧《梦粱录》也记载了京城临安的酒铺卖豆腐和煎豆腐的情形。美国学者彭慕兰《大分流》“第一部分”认为，在蛋白质和氨基酸的摄取上，欧洲人主要是依赖肉类，而东亚人所依赖的就是豆腐。卜凯在《中国农家经济》里说，据称民国年间，“南方店肆最多者为豆腐铺，俗称‘水作店’，虽三家村亦有之”。1949年之前，江南各著名市镇上确实豆腐店林立。

▲ 1935 年，上海农民做豆腐的情形

▲ 20 世纪 30 年代，上海街头走街串巷卖豆腐干的小贩，一个斯文读书人打扮的男子正在挑拣的情景

豆腐逐渐从寒门进入官门，其中江南佛道寺庙的提倡功不可没。清代扬州天宁寺有一位名叫文思的僧人，以擅烹豆腐佳肴出名。他用蘑菇、鲜笋和豆芽熬出高汤，再用刀将一块嫩豆腐切成细丝下锅。这道淮扬菜中因软嫩清醇的豆腐羹而得名“文思豆腐”。晚清以降，江南的豆制品衍生出许多品牌产品，不仅研制了做豉、制酱、生豆芽、榨油……还将平常的豆腐，做出了不同的品种，如加五香卤水汁制成五香豆干，切丝粒炒两相宜；

经过磨浆、压坯、油炸等多道工序制作而成油豆腐，色泽金黄，豆腐细致绵空，富有弹性；将豆腐皮做成“百叶”“千张”；豆腐乳也是中国流传数千年的传统特色民间美食。

南京本地的豆腐菜，如用三角油豆腐泡和鸡汤豆芽一同煮出来的鸡汁回卤干就很有名，清代扬州盐商、官僚、文人聚集，茶社兴起，多次以沸水浸泡，挤干入盆后，浇淋麻油、酱油、虾米仁、姜丝的烫干丝是常见的喝茶小菜，惺庵居士《望江南》词说：“扬州好，茶社客堪邀。加料干丝堆细缕，熟铜烟袋卧长苗，烧酒水晶肴。”苏州人将卤汁豆腐干做成了传统特产，卤汁丰富、色泽光亮、鲜甜软糯，风味独特，兼具苏州卤菜和蜜饯两大风味特色。至于民国时期上海街头遍布的油豆腐线粉汤小摊，用海蜒头吊汤，要一碗油豆腐线粉汤，配上一个生煎馒头，“有干有湿，相当乐胃”，上海还有一道猪油渣烧豆腐汤，属于豆腐与脂肪的直接碰撞，也是一道美味的家常菜。

浓油赤酱的上海菜，在家常里也喜欢把豆腐拿来红烧。红烧素鸡、百叶结烧肉、豆腐塞肉，都是要让豆制品在汤汁里尽情吸附，上海菜里有一道“鱼翅煮干丝”，在淮扬菜大煮干丝的基础上，加了鱼翅等名贵食材提鲜滋补；另有一道上海菜蟹黄豆腐，一眼望去金玉满盆，蟹黄的鲜美混合着豆腐奶酪般的口感，在嘴里幸福地蔓延开来。

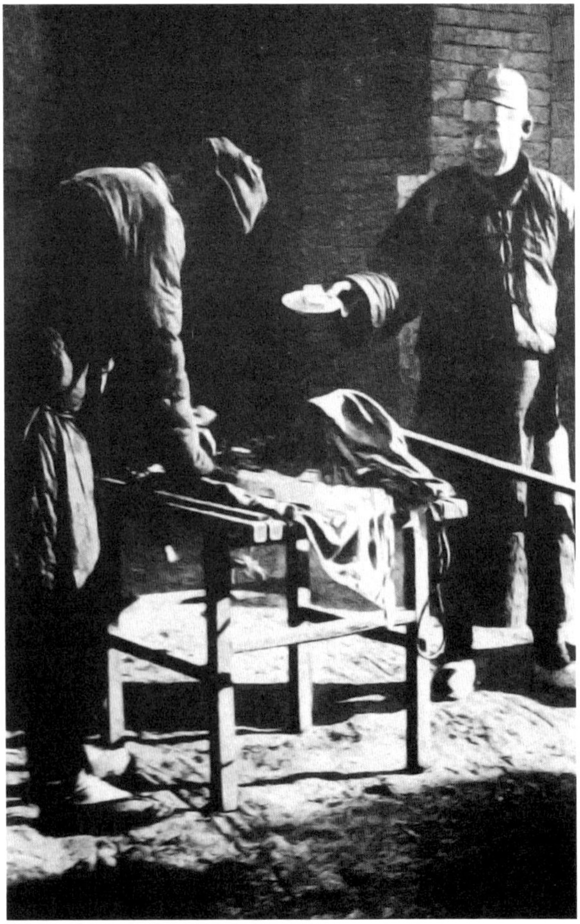

▲ 民国时期农民做豆腐的情形

▲ 图为民国时期南京庆源祥板鸭店，门口挂满了腌制好的板鸭

行货半入于南货

——南货食品

说到“南货店”，好像是一个具有地理属性的店铺，是的，一般而言的“南货”，是专指长江以南盛产的食品。那么，既然有“南货”，也就会有“北货”与之相对应，实际上也是泛指“全国各地”可以入口的土特产食品。宋代以后，中国南方的经济实力超过北方，近现代以来工商业活动尤其繁盛，如南货店最早出现在上海，晚清及民国时期达到巅峰。南货店虽标榜以经营南货为主，但在实际的运营过程中，往往会把全国各地特产也纳入其中。因此，名为南货店，实际上却是一种与普通民众日常生计紧密相关的日用食杂店。

▲ 民国时期专门售卖咸鱼和咸货的商店

《北史·魏收传》记载："南、北初和……求南货于收。"或许是"南货"一词见于史载的最早记录。《宋史·卷四十七·叛臣传·李全传》记录："时互市始通，北人尤重南货，价增十倍。"清李斗《扬州画舫录·草河录上》曰："行货半入于南货，业南货者，多镇江人，京师称为南酒。所贩皆大江以南之产，又署其肆曰海味。"所谓"南货"实乃指长江以南地区盛产的食品，囊括了北方没有的南方果品、甜点茶食、腊肉腌货、干果海味等，例如金华火腿、绍兴黄酒、南京板鸭、宁波海味、岭南干果等都属于南货，但是南货店有一个不成文的规矩，就是不经销“生猛海鲜”，原因也很简单，旧时没有冷藏设备，只能经销采用晒风烘烤、腌腊糟醉等手法加工过的产品，减少其含水量以便保质，如腊肉腌货、海鲜干货、菜蔬干货、果品干货、各色糕点等，都是鲜货经干制、腌制或加工制作而成，它们不仅保留了鲜货的风味特点，而且耐于久藏，不易变质。

▲ 20 世纪 20 年代，上海经营腊味与卤菜的食品商店林立

▲ 20 世纪 30 年代，上海一家腌腊店内，可见店里伙计在忙碌地整理货物

民国时期的南货店都设有“自产自销”的作坊：糕饼作坊、蜜饯作坊、炒货作坊、蜡烛作坊、火腿作坊，凡是“五作”齐全的称大型店，“五作”不齐的称中型店，没有作坊的是小店。南货店因为货品多种多样，店堂里面瓶瓶罐罐，门口缸缸甏甏，看上去都是满满当当。逢年过节、红白喜事及社交礼仪等，都得与南货店打交道。市民逢年过节和祭祀活动，所需的祭品和食品都得从南货店购入，所以有不少南货店还出售香烛香斗等。品种之多，可谓“一店百品”，没有上百种货源，不敢开南货店。

▲ 民国初年的三阳南货店，生意很红火的情景

酸甜滋味自分明

——蜜饯果脯

江南入冬腌菜的习俗，还衍生出另一种食物——蜜饯。蜜饯，又名糖色，古称蜜煎，是江南驰名已久的时令小吃。《尚书·商书·说命下》就有“若作和羹，尔惟盐梅”的记载，蜜饯是自古流传至今，以各种果蔬为原料，用糖或蜂蜜腌制后加工制成的食品。

宋代以后，随着甘蔗种植扩大，蔗糖产量也多起来，人们就开始直接用蔗糖制作蜜饯、果脯。南宋时期的临安就有果脯蜜饯加工，不过只有皇室贵族才能享用。明清时期的苏州与杭州，都有众多蜜饯商号。清代是苏式蜜饯的鼎盛期，其中以“张祥丰”最为著名，历来是“宫廷食品”。苏式蜜饯现有160多个品种，以金丝蜜枣、奶油话梅、金丝金橘、白糖杨梅、九制陈皮最为著名。到民国时期逐步形成一个完整的产业链，产品盛销江南各集镇，蜜饯果料远及关外。如九制陈皮，又称青盐陈皮，制销历史悠久，顾禄《桐桥倚棹录》卷十记：“陈皮，以虎丘宋公祠为著名。先止山塘宋文杰公祠制卖，今忠烈公祠及文恪公祠皆有陈皮、半夏招纸，制法既同，价亦无异。”并引朱昆玉《咏吴中食物》诗曰：“酸甜滋味自分明，橘瓣刚来新会城。等是韩康笼内物，戈家半夏许齐名。”注曰：“吴郡戈氏秘制半夏，为时所尚。”陈皮所用橘皮，大都取洞庭西山蟹橙之皮，取橙皮经九道工序而成，故称九制，成品呈橙黄色，片薄匀称，质地韧糯，含而品味，咸、甜、香、酸兼有，缓缓嚼食，津液徐来，具有解渴生津、理气开胃的功效。

再如“糖渍青梅”，苏州洞庭西山、光福一带梅林最盛，所产青梅松脆清酸，食之颇有回甘。小满前后，果农就摘青梅子，挑大者倒入缸中浴果，加入少量细盐，一昼夜后，即用铜针在每只梅子上刺八九针，然后用白糖腌制，每百斤梅子要用白糖八九十斤，半个月后，缸里泛起腌梅卤，吸入卤汁的梅子青绿发亮，三个月后，就可出品，色泽青润，甜中带酸，嫩脆爽口，健脾开胃。光是梅子成为蜜饯，就有“雕梅”“风雨梅”“话梅”等不同品种。特别是“话梅”，据说早先源于广东，20世纪30年代传入苏州，为适应江南人口味，改制为苏式话梅。选用芒种后采摘的黄熟梅子，俗呼“黄梅”，洗净后入缸用盐水浸泡，月余取出晒干，晒干后用清水漂洗。再晒干，然后用糖料泡腌，再取出晒干，如此反复多次，人称“十蒸九晒，数月一梅”。出品时肉厚干脆，甜酸适度，可保存数年而不变质。话梅能生津缓渴，从“望梅止渴”的典故，便可知其功效了。苏州话梅，酸甜咸香浑然一体，酸中有甜，甜中有咸，

▲ 以蜂蜜浸渍果品制成的蜜饯素来深受人们喜爱。图为江南某蜜饯果脯商铺

▲ 1919 年上海五四运动期间，人们走上街头，经过一家售卖蜜饯糖果的商铺

▲ 晚清江南某地制作姜脯的小作坊

咸中带香，慢嚼细品，既能开胃，又能调味，也属茶食佳品。

清代曾进入宫廷，故也有贡饼之称的“苏橘饼”，是精选洞庭东山料红橘，划纹烫漂，榨汁去核，然后反复糖渍而成。“金橘饼”，俗呼奎金饼，为金柑的糖制品。“金丝蜜枣”，约两百年前产于安徽歙县，后传入苏州，经改造而自成一格，其色如琥珀，长扁圆形，枣身干爽，表面纹丝均匀整齐，宛如金丝，并泛有白色糖霜，故俗呼泛砂蜜枣，入口酥松甜糯。“糖佛手”，属雕花糖渍蜜饯，以胡萝卜为原料，色泽金黄透亮，形似纤纤素手，故以得名。“橙皮脯”，苏式青盐蜜饯的一种，用秋末时苏州所产香橙为原料，加白砂糖蜜渍，晒干后剪成方形薄小块，再用绵白糖拌和即成。另有“白糖杨梅干”“清水山楂糕”“清水甘草梅皮”“玫瑰酱”等，都是江南蜜饯佳品。

桂花栗子白杨梅

——时令水果

江南是个盛产水果的地区，同治《苏州府志》卷二十“物产”所载水果种类，有海杏、梅、樱桃、枇杷、杨梅、桃、山葡萄、林檎、奈、李、梨、枣、柿、橘、真柑、金柑、橙、香橼、银杏、菱、芡、莲实、藕、荸荠、茨菇（慈姑）等。太湖东、西山尤其以种植水果而闻名，《古今图书集成》第676卷“苏州府风俗考”记载，早在明代当地人就“大概以橘等果品为生，多至千树，贫家亦无不种”。据清康熙时人王维德《林屋民风》卷七《民风》的记载，当地“苟宜于

▲ 春末夏初枇杷上市，街市上都是满篮满筐的枇杷，金黄金黄，很是诱人

▲ 民国时期江南街头卖水果的店铺，香蕉、瓜果，特别是葫芦很是引人注意

土，无不种植。桑麻掩映，桃李成林。卢橘秋登，杨梅夏熟。园收银杏，家有黄柑。梨树成云，梅花似雪。凡所栽培，不可殚记。非极绚烂之观，足见勤劳之俗”。此外，吴江种橘也非常普遍，明代即已“结实不减洞庭”，入清后乡村间栽植不衰。上海一带则以出产水蜜桃而著名。这些地方即便是贫穷农家，大概也不会缺乏水果的消费的。江南水乡之地，菱芡莲藕的出产更是随处皆有。即便完全不种果

树的地方，也有邻近地方的果农前来贩销，如太湖沿岸地区农人常往东部沿海贩运“青果”。可见江南地区不仅本地生产水果，而且每年还从浙江、福建等地输入。城镇居民消费水果，应当是相当寻常的事情。

“一方水土养一方人”，与西方人观念不同，江南地区雨量充沛，气候温和，土地肥沃，具有发展农业的优势条件，一年四季，各种瓜果时蔬不断，江南的饮食中，人们蔬菜吃得比较多，也坚持吃一定比例的水果，另外还有坚果和奶类加以辅助，正是这种蔬菜、粗粮、白肉的方式，让他们的心血管疾病患者和肥胖患者远远少于其他地区。

除了作物以外，上海市郊农户有屋前屋后种植果树的习惯，主要为桃、柿、梅、枇杷等。从上海1843年开埠到1949年，比较著名的水果有龙华水蜜桃（全民族抗日战争时期遭到毁坏）、杜行召楼枇杷、七宝“冠城梅”等。道光中期（1830年前后），近郊农民自产自销果品。随后江浙地区短途运销的水果商贩也出现在集市上。咸丰、同治年间，虹口港头坝已有经营水果的货行。清同治六年（1867），头坝福德路一带，水陆交通便捷，粤籍商人开设水果行栈，开始只三四家，没几年，先后开设公昌、裕顺等数十家水果行栈。最盛时，福德路全是水果行，成为名噪一时的“广东水果一条街”。1912年，上海有水果地货行栈30家，其中广茂泰、联兴等几家资金雄厚，颇具规模，但水果零售仍以摊贩为主。沪宁、沪杭铁路通车，各地水果源源运来，水果业步入兴盛时期，零售店迅猛发展。1917年，武进路541号胡鸿兴水果店首先问世，继而北四川路的

▲ 20 世纪 40 年代，上海夏季街头卖西瓜的情景

公茂、聚兴等水果店开业。地方志书记载，全民族抗日战争前夕，上海境内有水果地货行栈68家、水果零售商店12家、摊贩500余人。

民国时期杭州有一首写卖水果小贩的竹枝词：“小步街头日夕回，桂花栗子白杨梅。寄人檐下高声唤：‘六个铜元一大堆。’”将街头小贩的形象说得很鲜活，不少从水果行批发来的卖水果小贩，卖着水果、零食或者饮品，也是随行就市，做些应时应节的小本生意。上海闻人杜月笙从高桥镇乡下来到上海，开始在水果行做事，后来被鸿元盛水果店老板赶出来，一时衣食无着，只得去弄一些水果烂梨，到街边兜售。那个年代，卖水果小贩同其他街头谋生的小贩一样，属于灯红酒绿之外的边缘人，整日奔波，朝不保夕，常常遭到不公正的对待。始于晚清的城市近代化步伐，一步步挤压着流动摊贩的生存空间。各种捐税则吸干他们本就可怜的钱包，于是很多人就这样被挤到生死边缘。

▲ 1949年，上海街头卖地梨（荸荠）的小商贩

曾带脂香唾舌尖

——干果炒货

干果，即果实果皮成熟后呈坚硬状态的果子。例如板栗、锥栗、霹雳果、榛子、腰果、核桃、瓜子、松仁、杏仁、白果、开心果、碧根果、沙漠果、榧子、花生、巴旦木、夏威夷果等；炒货一般是指植物果实经过晾晒，烘干，油炸等加工方法制成的供人们闲暇时食用的一类休闲食品。如瓜子、蚕豆、花生、核桃、栗子等，含有丰富的营养。

苏州采芝斋是江南颇具代表性的炒货品牌，产品众多，苏州人老少咸知。除了糖果类有松粽糖、玫酱糖、脆松糖、脆桃球、软松糖、薄皮糖、轻松糖、重松糖、轻桃糖、杏仁糖、蛋黄花生、清水山楂糕、玫瑰酱等，采芝斋的炒货有香草西瓜子、玫瑰西瓜子、椒盐榧子、椒盐胡桃等，清水蜜饯类有白糖杨梅干、九制梅皮、玫瑰半梅、九制陈皮等共一百十多个品种。

清同治九年（1870），河南人金荫芝以500个铜板的本钱，购置了熬糖炉子、小铜锅、青石台、剪刀等简陋的工具及少量的糖果原料，在观前街73号吴世兴茶叶店门口摆起摊子，当场熬糖、剪糖。因为剪出来的糖形似粽子，故又称粽子糖。后来生意越来越好，金荫

▲ 晚清聚集在城隍庙庙会上卖瓜子炒货的小贩

芝攒了点钱就顶下原来72号采芝斋古董店，开始大张旗鼓地自产自销苏式糖果和炒货。相传，清光绪年间，慈禧太后久病不愈，苏州名医曹淹奉旨治病。他知道慈禧太后喜欢吃采芝斋的粽子糖，就建议采芝斋制作时放些薄荷、甘草、川贝、松子等能食用的药材，把采芝斋贝母糖供奉给慈禧太后助药，使得老佛爷的病情有了好转。这样一来，采芝斋的贝母糖身价陡增，成为贡糖，采芝斋的名号更是红遍大江南北。经营品种再加上苏式蜜饯，将采芝斋分店开到了苏州之外的上海等地，名震全国。

采芝斋的品牌产品众多，除了糖果类，炒货类也是很有特色，有香草西瓜子、玫瑰西瓜子、椒盐榧子、椒盐胡桃等。爱嗑瓜子，曾经是江南民众自明清以来就形成的习惯。明代朱元璋喜爱用“鲜西瓜籽加盐焙干而食”。到明朝中期，皇家经营的六家官店更是每年要贩售一万石瓜子。“瓜子满阶人莫扫”，生动地反映出在明代民众欢庆岁时佳节和度过闲暇时光时嗑瓜子的盛景。明末清初的苏州文人尤侗作《南乡子·其四闺中元旦》写道：“灯下了妆奁。玳瑁堂前春色添。万福归来无一事，憨憨。自揭薰笼换绣衫。迎喜出门檐。笑看家家下竹帘。瓜子满阶人莫扫，纤纤。曾带脂香唾舌尖。”这最后一句写得太美了，深秋已至，黄叶飘零，满街飘香的瓜子，给这单调乏味的季节增添了一丝丝生机，让清冷的风也变得温馨起来。

▲ 民国时期，上海街头卖瓜子的老妇人

中国人喜嗑瓜子的传统始于何时？也许是很难考证的，但明清之前是没有葵瓜子和南瓜子的。向日葵和南瓜都是美洲作物，1492年哥伦布发现美洲之后，在明嘉靖年间辗转传入中国。明清时期，江南地区流传的《岁时歌》有“正月嗑瓜子，二月放鹞子，三月种地下秧子，四月上坟烧锭子……”说明在明清时已经非常流行嗑瓜子了。民众在闲暇时光，消磨时

▲ 嗑瓜子的习惯在当时的江浙一带十分流行

▲ 20 世纪 30 年代，上海街头卖炒货食品的老妇人

间的主要方式就是嗑瓜子聊天，女子“曾带脂香唾舌尖”，记录了这种情形。瓜子不论吃起来还是准备起来都很方便，拿出来招待客人，不仅能够体现主人的好客，做客的人也因嗑瓜子会有被“招待”的感觉，潜移默化中就定下来一种愉悦的社会交往基调。嗑瓜子的风气就这样蔓延开来，至今仍然不散。

街头炒栗一灯明

——糖炒栗子

卖糖炒栗子的小贩，通常在闹市通衢的水果店边上，生起炉子，架起一口大铁锅，好像有身板比较硬朗的汉子，手持一尺来长、大约巴掌宽的铁铲，锃亮的铁铲有节奏地翻动着黑色的炒砂，时不时有亮如琥珀的栗子在黑砂中出没，炒栗子师傅还时不时将铲子伸进炉旁的饴糖桶里，蘸一下桶里金黄色透明的饴糖，拌在砂子里继续炒，空气里飘来一阵阵诱人的焦糖香，为什么叫“糖炒栗子”？可能就是由此而来。

民国时期上海的《竹枝词》专门记述了街头糖炒栗子的情景：“街头炒栗一灯明，榾拙烟消火焰生。八个大钱称四两，未尝滋味早闻声。”每年深秋时节，气温忽高忽低，桂子飘香，特别诱人。这样的情景就是直到前些年，大街小巷还是常见的，其令人神往之处，还是人们对糖炒栗子的追捧。看似微不足道的秋季小果，却历经了数千年的大历史，从祭祀先祖到医食同源，从家国之思到百姓日常。

中国是世界上最大的栗子种植国家，经过千百年的选种培育，栗子品种也多，优良品种大概超过一百种。《论语·八佾》第三说：哀公问社于宰我，宰我对曰：“夏后氏以松，殷人以柏，周人以栗，曰：使民战栗。”宰我是孔子的弟子，用他的说法，夏、商、周朝用作神社和宗族牌位的木材，分别是松树、柏树和栗树。《公羊传·文公二年》有“练主用栗”这句话，“练主”指的是古代练祭时所竖起来的神主。但板栗不只是祭祀先祖的供品，因为易饱腹的高淀粉含量，它在中国历史上常被用来救荒解饥。无论从树形、质地还是象征意义上看，“神木”栗树都曾经是威严的象征。挺直的栗树，树冠庞大秀美，曾被用于神道树；栗树木材坚实，可用于建筑和制造器具。《诗·大雅·民劳》里就称赞其“实坚实好，实颖实栗”，宰我在答哀公问社的“周人以栗”之后的“使民战栗”，是不是进一步发挥了孔子“民可使由之，不可使知之”的思想？

栗子的特点是既甜又糯，最对江南人的口味，所以上海人、苏州人都很喜欢食用。细读史书，江南的栗子也不逊色，清金友理撰《太湖备考》记载：“栗出东、西两山，东山西坞者尤佳。”金友理是吴县人，熟稔苏

▲ 20 世纪 30 年代，上海街头一个年轻人正在炒糖炒栗子

▲ 20 世纪 30 年代，南京新街口附近卖糖炒栗子的商贩

州风土人情，两山栗子，确实是栗子中的上品，此外，太仓、常熟、昆山、沙洲都是天下佳品的出产之地。南宋“石湖居士”范成大是苏州人，他编撰的《吴郡志》写道：“顶山栗，出常熟顶山，此栗比常栗小。香味胜绝，亦号麝香囊，以其香而软也，微风干之尤美。”顶山是常熟虞山北峰、大义方向，此地出产的栗子称为“麝香囊”，可见其香甜可口，弥足珍贵，常熟人亲切地唤作“本山栗子”。

江南的文人才子对栗子都很钟情，南北朝文学家庾信有诗：“寒谷梨应重，秋林栗更肥。”（《谨赠司寇淮南公诗》）南宋苏州诗人

▲ 1938 年，苏州虎丘名胜旁的炒板栗小贩

▲ 1948 年，上海街头糖炒栗子

范成大盛赞：“紫烂山梨红皱枣，总输易栗十分甜。”（《良乡》）与范成大同时代的大诗人陆游也是栗子的爱好者，他在《昼寝梦一客相过若有旧者夷粹可爱既觉作绝句》写道：“梦中何许得嘉宾，对影胡床岸幅巾。石鼎烹茶火煨栗，主人坦率客情真。”生动地描写了江南秋季风物栗子的滋味。

苏州的东山、西山和常熟的虞山都产栗子，果肉质地细腻，有特殊的香甜口味，苏州人很钟爱。曾经读过一个诗人咏板栗的诗，有一句“剥去冷酷的外表，奉献黄金般内里”，把对栗子的喜爱写得十分传神，令人读过难忘，即使是手边没有栗子，口里顿时也生出栗子的清香，精神也不由得为之一振了……

图书在版编目(CIP)数据

江南风俗图录. 第1卷，饭稻羹鱼 / 仲富兰著. 上海 ：上海辞书出版社，2025. -- ISBN 978-7-5326-6239-5

Ⅰ. K892.45-64 ；TS971.202.5-64

中国国家版本馆CIP数据核字第20249WA640号

“十四五”国家重点出版物出版规划项目
国家出版基金资助项目
上海文化发展基金会图书出版专项基金资助项目

江南风俗图录·第1卷·饭稻羹鱼

仲富兰 著

策划统筹 朱志凌
责任编辑 朱志凌
特约编辑 钱 琼
责任校对 左钟亮
技术编辑 楼微雯
整体设计 零贰壹肆设计工作室
题　　签 邓 明
篆　　刻 潘方尔
英文翻译 唐玥芳
英文校译 秦 悦
图　　片 均由作者提供

出版发行 上海世纪出版集团
上海辞书出版社®(www.cishu.com.cn)
地　　址 上海市闵行区号景路159弄B座(邮政编码：201101)
印　　刷 南京爱德印刷有限公司
开　　本 787毫米×1092毫米 1/16
印　　张 15.5 插页5
字　　数 310 000
版　　次 2025年10月第1版 2025年10月第1次印刷
书　　号 ISBN 978-7-5326-6239-5/K·1264
定　　价 128.00元

《江南风俗图录（1840—1949）》（全十卷）

“十四五”国家重点出版物出版规划项目、国家出版基金资助项目《江南风俗图录（1840—1949）》（全十卷）立足近代风俗史与图像史研究的交叉领域，系统梳理百年间江南民间生活形态、民间文化传承及社会变迁轨迹，通过动态视角深入研究最普通、最普遍的民间日常生活的历史演进。作者仲富兰教授整合数十年积累和研究的图像史料，以图史互证为方法论，辅以大量民间竹枝词等风土纪事文献，全景式记录了近代中国社会生活的转型历程与多元民俗风貌，生动再现了市井生活的烟火气息。全书按风味饮食、服饰冠履、民居建筑、行旅交通、生产商贸、文教卫生、娱艺体育、人生礼仪、岁时乡情、生活信仰等主题分卷编纂。

全书辑录3 200余幅珍贵老照片、民俗画作等历史影像，以图像叙事为经，以风俗流变为纬，构建起一部立体化、可视化的江南民俗图谱。这些泛黄的影像既凝固了百年市井生活的瞬间，又以细腻笔触还原传统节庆场景，使读者得以直观把握江南地区岁时习俗、衣食住行、婚丧嫁娶等民俗的演化轨迹，较之纯文字叙事更具现场感染力。编纂体例上独创性地穿插历代江南竹枝词，实现朗朗上口的诗词文本与风俗史事互为映照。譬如以“妾在船头偷看郎，郎骑白马好风光”的竹枝词解读江南婚俗，既赋予学术论述以诗意美感，又通过民间话语补足了历史细节，使宏大叙事浸润日常肌理，彰显日常生活的本真状态。

从学术层面看，《江南风俗图录》突破了传统风俗史研究单一的文字叙述模式，开创了“图像+文献+文学”多元互证的研究范式，为我国地域民俗文化研究提供了新的方法，堪称融民俗文化、社会史、视觉文化研究于一体的江南民俗文化图谱，兼具学术开拓性与出版稀缺性价值。无论学术研究者、文化从业者或普通读者，都能从中领略江南千年文脉的深厚底蕴与独特审美。

《江南风俗图录·第 1 卷·饭稻羹鱼》

《江南风俗图录·第 2 卷·衣香鬓影》

《江南风俗图录·第 3 卷·深巷低窗》

《江南风俗图录·第 4 卷·车动马喧》

《江南风俗图录·第 5 卷·市井食货》

《江南风俗图录·第 6 卷·春生弦诵》

《江南风俗图录·第 7 卷·闲暇趣玩》

《江南风俗图录·第 8 卷·礼敬人生》

《江南风俗图录·第 9 卷·岁时乡愁》

《江南风俗图录·第10卷·春祈秋报》